AF390208

La Ménopause gourmande

C'est possible !

Sophie-Fleur Blanchard

Editions  **Poerava**

Table des matières

La ménopause : un tabou pourtant inévitable

La ménopause, c'est ce moment dans la vie d'une femme où tout se met à changer plus rapidement que la météo en automne. C'est un peu comme si un petit diable appuyait sur le bouton "reset" de notre corps et disait : "Hé oui, tu acceptes enfin ton corps comme il est ? Eh bien passons à autre chose maintenant !"

Et quand on aborde le sujet avec notre entourage en mode « mais qu'est-ce qui m'arrive, vous croyez que c'est la ménopause ?! », quelque chose d'étrange se produit. Comme si on s'était mis à parler politique ou religion à l'anniversaire du petit dernier de la cousine - les regards se font fuyants, les toussotements gênés se multiplient, et tout le monde se met à suivre le précepte : « courage, fuyons ».

C'est un tabou, la ménopause. Un sujet que l'on évite soigneusement, comme si le simple fait de prononcer ce mot pouvait déclencher une avalanche de bouffées de chaleur dans la pièce. On préfère s'attarder sur des sujets plus légers, comme la météo ou les derniers potins de célébrités. Parce que, sérieusement, qui veut vraiment parler de sueurs nocturnes, de sautes d'humeur dignes d'une montagne russe, ou d'une soudaine affection pour des bibelots en mode compulsif ?

Pourtant, la ménopause, c'est un incontournable de la vie de Toutes les femmes, au même titre que l'adolescence. Une sorte de passage initiatique vers la sagesse et la maturité (parait-il), avec un petit côté "apocalypse" pour pimenter le tout. C'est l'âge où on commence à collectionner les crèmes anti-rides comme si c'étaient des timbres rares ; où on regarde les jeunes femmes en se disant : "Vous ne savez pas ce qui vous attend, les filles !" C'est l'âge où il faut faire le choix entre changer d'alimentation ou prendre du poids. Où on a l'impression que vieillir va gâcher tout notre « sex-appeal ». Mais soyons honnêtes, c'est aussi l'âge où on peut enfin justifier l'achat de cette robe de soirée rouge flamboyante, parce que, maintenant, nous faire plaisir devrait compter plus que le regard des autres.

Alors, pourquoi tant de gêne autour de la ménopause ? Peut-être parce que c'est un sujet qui nous rappelle notre propre mortalité, ou parce que cela signifie dire adieu à une partie de notre jeunesse ? Ou peut-être que c'est parce que la société nous baratine avec tant d'images de beautés parfaites vers lesquelles il « faudrait » tendre qu'on finit par se laisser aveugler ?

Pourtant, il est temps de briser ce tabou. Cela pourrait nous permettrait d'être plus informées et préparées. De traverser cette période en connaissance de cause et non à tâtons sans comprendre ce qui nous arrive. La ménopause, ce n'est pas quelque chose dont on devrait avoir honte. C'est une étape naturelle de la vie, une transition vers une nouvelle phase remplie de possibilités et de défis. Et au lieu de l'ignorer ou de la craindre, pourquoi ne pas éclairer nos lanternes afin d'arriver à en rire ? Après tout, l'humour est souvent le meilleur moyen de dédramatiser les choses.

Alors, la prochaine fois que vous ferez une pause-café et que le sujet surgira (ou que vous déciderez de le lancer vous-même, pour pimenter un peu l'ambiance), n'hésitez pas à en parler ouvertement, avec un sourire aux lèvres. Qui sait, vous pourriez bien déclencher une vague de rires salvateurs et montrer à votre entourage que la ménopause, c'est un sujet comme un autre, et que oui, on peut en plaisanter sans honte. Après tout, il vaut mieux en rire, justement, que d'en pleurer, ça ne peut qu'aider à rendre ce passage plus léger !

Moi-même « Jeune » ménopausée tout juste mes 40 ans passés qui pensait que ça n'arrivait qu'après 50, voire 55ans, et que c'était « loin, tout ça », j'ai été téléportée dans un autre monde. Je me suis retrouvée impuissante, tous repères chamboulés, sans savoir vers qui ou quoi me tourner pour m'éclairer un peu. Je n'ai d'ailleurs appris que les symptômes dont je pouvais souffrir étaient signes d'une ménopause avancée que deux ans plus tard. Pas trente-six solutions : il a fallu se renseigner, chercher, apprendre, comprendre. Eh oui, j'ai « embrassé » ce problème comme une journaliste, ce que j'étais dans ma première vie : j'ai cherché, compilé, organisé, résumé... Pour pouvoir en plaisanter et maintenant partager. Car il en est hors de question : on ne va pas se laisser abattre !

1. Qu'est-ce que la ménopause ?

La ménopause est une étape naturelle dans la vie d'une femme, marquée par la fin de la période menstruelle et de la fertilité. Cette transition, généralement vécue entre 45 et 55 ans bien que cela puisse varier d'une femme à l'autre, est souvent accompagnée de divers changements hormonaux qui peuvent affecter considérablement le bien-être physique et émotionnel. Comprendre ces changements est essentiel pour naviguer avec succès dans cette période de vie, en minimisant les impacts négatifs et en maximisant la qualité de vie.

La ménopause est le résultat d'une diminution progressive de la production d'œstrogènes et de progestérone par les ovaires.

Les symptômes de la ménopause peuvent être variés et inclure des bouffées de chaleur, des sueurs nocturnes, des changements d'humeur, des troubles du sommeil, une sécheresse vaginale, des fluctuations de poids, des changements dans la densité osseuse, des douleurs ostéo-articulaires et d'autres symptômes physiques et émotionnels. La manière dont chaque femme vit la ménopause est unique, et la gravité des symptômes peut varier considérablement.

Aperçu des différentes étapes et de leur chronologie

Pré-Ménopause :

Cette phase englobe la majorité de la vie reproductive d'une femme, débutant avec la première menstruation (ménarche) et se poursuivant jusqu'à l'approche des premiers signes de la périménopause.

Durant la pré-ménopause, les cycles menstruels sont généralement réguliers, mais peuvent varier en longueur et en intensité selon l'individu.

Périménopause :

La périménopause est la période de transition vers la ménopause, marquant le début des changements hormonaux.
Elle commence généralement dans la quarantaine, mais peut survenir plus tôt ou plus tard.
Cette phase peut durer de quelques années à une décennie. Les symptômes typiques incluent des irrégularités menstruelles, des bouffées de chaleur, des troubles du sommeil, et des changements d'humeur.
La périménopause se termine un an après la dernière menstruation, marquant l'entrée officielle en ménopause.

Ménopause :

La ménopause est diagnostiquée après 12 mois consécutifs sans menstruation.
Elle survient typiquement entre 45 et 55 ans, avec un âge moyen autour de 51 ans.
Durant cette période, la production d'œstrogènes par les ovaires diminue de manière significative, entraînant la fin de la fertilité.

Post-Ménopause :

La post-ménopause désigne la période après la ménopause.
Durant cette phase, les symptômes de la ménopause, comme les bouffées de chaleur, peuvent diminuer en intensité et en fréquence pour la plupart des femmes.
Cependant, la diminution prolongée des œstrogènes peut accroître le risque de certaines conditions, telles que l'ostéoporose et les maladies cardiovasculaires.
Les soins de santé post-ménopausiques se concentrent sur la prévention des maladies chroniques et le maintien d'une qualité de vie saine.

Il est important de noter que l'expérience de chaque femme vis-à-vis de ces étapes est unique. Certaines peuvent traverser ces transitions sans symptômes notables, tandis que d'autres peuvent éprouver des symptômes plus sévères. La communication avec un professionnel de santé est essentielle pour une gestion personnalisée et efficace de ce processus naturel.

Les symptômes

Les symptômes de la ménopause peuvent varier considérablement d'une femme à l'autre, tant en termes de types que d'intensité. Chaque femme est différente.

Le Dr Julia Maruani, gynécologue et présidente du collège de gynécologie médicale Marseille Provence, explique dans l'article de Philippe Schmit du 14 Nov 2023 sur MProvence :

« 80% des femmes occidentales ont des bouffées de chaleur mais pour la plupart ça va être modéré et acceptable, sans forcément altérer leur qualité de vie. Mais on a quand même 25% des femmes qui ont des bouffées de chaleur très invalidantes. [...] Cela dure en moyenne entre 4 et 7 ans. Mais ça peut aller jusqu'à 12 à 15 ans. [...] Un des symptômes qu'elles décrivent le plus souvent aussi, c'est le côté fatigue, perte d'énergie. Elles n'ont plus de force. Sur le plan purement physique, il va y avoir une accélération de la fonte musculaire. Elle démarre dès qu'on a 30 ans, mais elle s'accélère énormément à l'arrêt des œstrogènes et en parallèle il y a une augmentation de la masse grasse. Et notamment de la masse grasse abdominale, autour des viscères. Donc plusieurs conséquences à ça. La première, c'est l'aspect du corps. Des fois, même sans prendre de poids, les femmes disent « mon corps a changé ». Ensuite, sur un plan médical, cela augmente le risque cardiovasculaire. »

Voici donc un aperçu détaillé des symptômes possibles liés à la ménopause :

Symptômes vasomoteurs

Bouffées de chaleur : Les bouffées de chaleur sont l'un des symptômes les plus courants de la ménopause. Elles se manifestent par une sensation soudaine de chaleur intense qui peut durer de quelques secondes à plusieurs minutes. Cette chaleur est souvent accompagnée de rougeurs sur le visage et le cou, ainsi que de sueurs abondantes. Les bouffées de chaleur peuvent survenir plusieurs fois par jour et sont parfois si fortes qu'elles interfèrent avec les activités quotidiennes ou le sommeil.

Sueurs nocturnes : Les sueurs nocturnes sont une forme de bouffées de chaleur qui se produisent la nuit, souvent perturbant gravement le sommeil. Elles provoquent une transpiration excessive, nécessitant parfois de changer de vêtements ou de literie en pleine nuit. Le manque de sommeil résultant des sueurs nocturnes peut entraîner une fatigue diurne accrue, exacerber l'irritabilité et affecter la qualité de vie globale.

Symptômes gynécologiques

Sécheresse vaginale : La sécheresse vaginale est due à une diminution des niveaux d'œstrogènes, ce qui entraîne une réduction de la lubrification naturelle du vagin. Cette sécheresse peut rendre les rapports sexuels douloureux (dyspareunie) et augmenter le risque d'infections vaginales. Elle peut également provoquer des démangeaisons, des brûlures et un inconfort général dans la région vaginale.

Atrophie vaginale : L'atrophie vaginale se réfère à l'amincissement, au dessèchement et à l'inflammation des parois vaginales, conséquence directe de la baisse des œstrogènes. Cette condition peut non seulement rendre les rapports sexuels inconfortables mais aussi entraîner des symptômes urinaires tels que des envies fréquentes d'uriner ou des infections urinaires récurrentes.

Symptômes urologiques

Incontinence urinaire : L'incontinence urinaire, particulièrement l'incontinence d'effort, peut se développer pendant la ménopause. Elle se manifeste par des fuites urinaires involontaires lors de la toux, du rire, ou de l'exercice physique. Ce symptôme est souvent lié à un affaiblissement des muscles du plancher pelvien, exacerbée par la diminution des hormones féminines.

Infections urinaires fréquentes : La baisse des œstrogènes peut rendre la paroi urinaire plus fragile et plus susceptible aux infections. Les femmes ménopausées peuvent ainsi constater une augmentation de la fréquence des infections urinaires, accompagnées de brûlures lors de la miction et d'un besoin fréquent d'uriner.

Symptômes psychologiques et émotionnels

Sautes d'humeur : Les fluctuations hormonales peuvent provoquer des changements d'humeur soudains et imprévisibles. Ces sautes d'humeur peuvent inclure des accès de colère, de tristesse ou d'irritabilité sans cause apparente, affectant les relations personnelles et professionnelles.

Anxiété : De nombreuses femmes ressentent une augmentation de l'anxiété pendant la ménopause, parfois accompagnée de crises de panique. Cette anxiété peut être liée aux changements physiques ressentis, mais aussi à des préoccupations sur le vieillissement ou à des troubles du sommeil fréquents.

Dépression : La ménopause peut augmenter le risque de dépression chez certaines femmes, en particulier celles ayant des antécédents de dépression, de troubles de l'humeur ou étant douloureusement affectées par les troubles de leur ménopause. La dépression peut alors se manifester par une tristesse persistante, une perte d'intérêt pour les activités autrefois appréciées, des troubles du sommeil, et une fatigue constante.

Symptômes musculosquelettiques

Douleurs articulaires : Les douleurs articulaires, ou arthralgies, sont courantes pendant la ménopause en raison de la réduction des œstrogènes, qui jouent un rôle dans la protection des articulations. Les femmes peuvent ressentir des raideurs, des gonflements et des douleurs dans les mains, les genoux, ou le bas du dos, surtout le matin ou après une période d'inactivité.

Douleurs musculaires : Les douleurs musculaires, ou myalgies, peuvent également être fréquentes, avec des sensations de courbatures ou de faiblesse. Ces douleurs peuvent affecter la qualité de vie et limiter les activités physiques, contribuant ainsi à une perte de condition physique.

Ostéoporose : La ménopause est associée à une perte accélérée de densité osseuse, ce qui peut entraîner l'ostéoporose, une condition où les os deviennent fragiles et plus susceptibles de se casser. Les fractures, en particulier au niveau de la hanche, du poignet et de la colonne vertébrale, peuvent devenir plus fréquentes.

Symptômes cardiovasculaires

Palpitations cardiaques : Certaines femmes peuvent éprouver des palpitations cardiaques, une sensation de battements de cœur rapides, forts ou irréguliers. Bien que souvent bénignes, ces palpitations peuvent être inquiétantes et sont parfois associées à l'anxiété ou aux bouffées de chaleur.

Hypertension : Le risque d'hypertension artérielle augmente après la ménopause, en partie à cause des changements hormonaux. L'hypertension est un facteur de risque majeur pour les maladies cardiovasculaires, qui deviennent plus fréquentes après la ménopause.

Symptômes cutanés et capillaires

Sécheresse de la peau : La diminution des niveaux d'œstrogènes affecte également la peau, qui peut devenir plus sèche, plus fine, et moins élastique. Cette sécheresse peut entraîner des démangeaisons, des fissures, et une plus grande sensibilité aux irritants.

Perte de cheveux : L'amincissement des cheveux ou la perte accrue de cheveux peuvent être des signes visibles de la ménopause. Ce phénomène est lié à la diminution des hormones féminines, qui jouent aussi un rôle dans la croissance et la densité des cheveux.

Apparition de rides : La réduction du collagène et de l'élasticité de la peau entraîne l'apparition plus marquée de rides et de ridules, en particulier autour des yeux et de la bouche.

Acné : Paradoxalement, certaines femmes peuvent également connaître des poussées d'acné, similaires à celles de l'adolescence, dues aux fluctuations hormonales.

Symptômes digestifs

Ballonnements : Les changements hormonaux peuvent affecter le système digestif, entraînant une sensation de ballonnement, surtout après les repas. Ce symptôme est souvent associé à une digestion plus lente et à des gaz intestinaux.

Constipation : La constipation est un autre problème digestif courant pendant la ménopause, souvent lié à un ralentissement du transit intestinal. Elle peut être aggravée par une diminution de l'activité physique et une alimentation pauvre en fibres.

Indigestion : De nombreuses femmes ménopausées signalent une sensation d'indigestion ou de lourdeur après les repas, en partie à cause de la réduction de la production d'acide gastrique.

Gaz intestinaux : Ils représentent un autre symptôme courant et souvent gênant pendant la ménopause. La baisse des hormones comme l'œstrogène et la progestérone ralentit le transit intestinal, permettant aux bactéries de fermenter davantage les aliments, ce qui génère plus de gaz. De plus, certaines femmes développent de nouvelles intolérances alimentaires pendant la ménopause, rendant des aliments riches en fibres fermentescibles (comme les légumineuses, les crucifères, les oignons et certains fruits) plus susceptibles de provoquer des gaz.

Symptômes sexuels

Baisse de la libido : La diminution des hormones sexuelles peut entraîner une baisse du désir sexuel, ou libido, rendant les relations intimes moins fréquentes ou moins satisfaisantes.

Douleurs pendant les rapports sexuels : La sécheresse et l'atrophie vaginales peuvent rendre les rapports sexuels douloureux, ce qui peut affecter négativement la vie sexuelle et les relations de couple.

Symptômes neurocognitifs

Troubles du sommeil : Environ 40% à 60% des femmes souffrent de troubles du sommeil pendant cette période. Ces troubles peuvent inclure des difficultés à s'endormir, des réveils fréquents au milieu de la nuit, ou un sommeil non réparateur. Ces troubles sont souvent exacerbés par les sueurs nocturnes et les bouffées de chaleur.

Problèmes de mémoire : Certaines femmes rapportent des problèmes de mémoire ou des difficultés à se concentrer, souvent qualifiés de "brouillard cérébral". Ces troubles cognitifs peuvent être transitoires mais sont souvent frustrants.

Difficultés de concentration : En plus des problèmes de mémoire, les difficultés à se concentrer sur des tâches spécifiques ou à maintenir l'attention sur de longues périodes peuvent également survenir.

Symptômes métaboliques

Prise de poids : Environ 50% à 70% des femmes subissent une prise de poids pendant la ménopause. Elle est souvent due à une combinaison de facteurs tels que les changements hormonaux, une diminution du métabolisme, et des modifications dans la répartition des graisses corporelles, qui tendent à s'accumuler davantage autour de l'abdomen.

Résistance à l'insuline : La résistance à l'insuline peut augmenter pendant la ménopause, ce qui accroît le risque de développer un diabète de type 2. Ce problème est souvent lié à la prise de poids et aux modifications du métabolisme glucidique.

Cholestérol élevé : Les changements hormonaux peuvent également affecter les niveaux de cholestérol, augmentant le LDL ("mauvais cholestérol") et diminuant le HDL ("bon cholestérol"). Cela augmente le risque de maladies cardiovasculaires.

Symptômes divers

Fatigue chronique : La fatigue persistante est là encore un symptôme fréquent pendant la ménopause, souvent liée à des troubles du sommeil, des changements hormonaux, et le stress physique ou émotionnel. Cette fatigue peut être si intense qu'elle interfère avec les activités quotidiennes.

Vertiges : Les vertiges, ou sensation de tête qui tourne, peuvent faire partie des symptômes de la ménopause, parfois liés à l'anxiété ou aux fluctuations de la pression artérielle.

Céphalées : Les maux de tête, y compris les migraines, peuvent devenir plus fréquents. Ces céphalées sont souvent liées aux fluctuations hormonales et peuvent être exacerbées par le stress ou la fatigue.

Sensibilité accrue aux odeurs : Certaines femmes ménopausées signalent une sensibilité accrue aux odeurs, qui peut provoquer des nausées ou une gêne.

Ces symptômes peuvent apparaître graduellement au cours de la période de transition qui précède la ménopause, et se prolonger durant la post-ménopause.

Il est important de noter que toutes les femmes ne ressentiront pas tous ces symptômes, et leur intensité peut varier considérablement.

Ces symptômes sont nombreux et peuvent avoir un impact significatif sur la qualité de vie en donnant l'impression que son corps se transforme.

La poétesse américaine Mary Ruefle, le décrit durement dans un texte intitulé Pause et publié dans le recueil My Private Property (Wave Books, 2016, non traduit) : « Que vous soyez attirante ou non, vous aviez pris l'habitude de sentir le regard des autres sur vous pendant que vous attendiez le bus ou que vous achetiez des tampons à la pharmacie. Ils vous regardaient pour déterminer si vous étiez attirante ou non, donc de toute manière, vous étiez regardée. Ce temps-là est révolu ; désormais le regard des autres vous traverse, vous êtes complètement invisible à leurs yeux, vous êtes devenue un fantôme. Vous n'existez plus. »

Il est essentiel de reconnaître la souffrance de certaines femmes et de gérer les symptômes de la ménopause de manière appropriée, souvent avec l'aide de professionnels de santé, pour assurer une transition plus douce pendant cette période de la vie.

A travers le monde

La perception et l'expérience de la ménopause varient considérablement à travers le monde, influencées par des facteurs culturels, sociaux, et économiques. Ces différences peuvent affecter la façon dont les symptômes sont ressentis, traités, et discutés au sein des sociétés. Voici un aperçu de la manière dont la ménopause est perçue et gérée dans différents contextes culturels :

Sociétés africaines

L'expérience et la perception de la ménopause varient grandement en Afrique, en fonction des régions et des cultures. Dans certaines communautés, la ménopause est valorisée comme signe de sagesse et d'acquisition de statut social pour les femmes. Les symptômes de la ménopause peuvent être moins souvent discutés ouvertement, en partie à cause des tabous entourant la sexualité et la santé reproductive.

Sociétés asiatiques

Dans certains pays asiatiques, comme le Japon, la ménopause (connue sous le nom de "konenki") est souvent abordée avec une perspective plus positive, vue comme une période de liberté et de renouveau. Les symptômes comme les bouffées de chaleur sont moins fréquemment rapportés, ce qui pourrait être dû en partie à des différences alimentaires, notamment la consommation élevée de soja, riche en phytoœstrogènes. La ménopause y est moins médicalisée et plus acceptée comme une étape naturelle de la vie.

Cependant, l'article "Santé : la ménopause, un défi économique pour l'Asie" publié par *Courrier International* souligne l'impact croissant de la ménopause sur l'économie asiatique, en raison de l'augmentation du nombre de femmes âgées dans la région. Avec une population vieillissante et une part de femmes ménopausées en hausse, les défis économiques liés à la santé de cette population deviennent de plus en plus pressants.

L'article met en évidence que la ménopause, souvent ignorée, entraîne des coûts économiques significatifs liés à la diminution de la productivité due aux symptômes de la ménopause, qui affectent la performance des femmes au travail. En outre, les dépenses de santé augmentent en raison des besoins accrus en soins médicaux pour gérer ces symptômes.

Les entreprises et les gouvernements asiatiques commencent à reconnaître l'importance de soutenir les femmes ménopausées, non seulement pour leur bien-être personnel, mais aussi pour maintenir la compétitivité économique. Des initiatives commencent à voir le jour pour sensibiliser et former les employeurs à mieux comprendre et gérer les besoins de cette population. Cependant, des efforts supplémentaires sont nécessaires pour intégrer pleinement la question de la ménopause dans les politiques de santé publique et les pratiques professionnelles en Asie.

Sociétés latino-américaines et caraïbes

La perception de la ménopause dans ces régions peut être influencée par des facteurs tels que la religion, la famille, et les rôles de genre. La ménopause peut être vue à la fois comme un soulagement (fin des menstruations et de la fertilité) et comme une source d'anxiété liée au vieillissement. Les remèdes naturels et traditionnels jouent souvent un rôle important dans la gestion des symptômes.

Sociétés occidentales

Dans de nombreux pays occidentaux, la ménopause est souvent médicalisée et considérée sous l'angle des symptômes et des traitements disponibles, tels que la thérapie hormonale substitutive (THS). Il peut y avoir une tendance à voir la ménopause comme une "maladie" ou un "problème" à résoudre. La discussion autour de la ménopause s'ouvre de plus en plus, avec une reconnaissance croissante des défis qu'elle peut poser et des efforts pour déstigmatiser cette transition naturelle de la vie.

Peuples autochtones

Au sein de nombreuses communautés autochtones à travers le monde, la ménopause peut être respectée comme un passage vers une nouvelle phase de la vie, marquée par la sagesse, le respect, et une forme différente de fertilité, celle de la contribution à la communauté plutôt qu'à la procréation. Les connaissances traditionnelles et les remèdes naturels sont souvent valorisés pour la gestion des symptômes de la ménopause.

Les expériences et perceptions de la ménopause sont diverses et influencées par un large éventail de facteurs culturels, sociaux et individuels. Reconnaître cette diversité est crucial pour comprendre les différentes manières dont les femmes vivent cette transition et pour offrir un soutien adapté et respectueux de leur contexte. Cela souligne l'importance d'une approche globale et personnalisée dans l'accompagnement de la ménopause, respectant les croyances, les valeurs, et les pratiques de chaque femme.

Pour plus de détails sur ces différentes perceptions de la ménopause à travers le monde, vous pouvez consulter les articles de Barnabe.io et du Collège des Médecines Douces.

A travers l'histoire

Ce processus biologique inévitable a été perçu et traité différemment à travers l'histoire. Son interprétation varie grandement en fonction des époques, des cultures et des connaissances médicales. La compréhension et le traitement de la ménopause ont évolué, reflétant les croyances et les connaissances de la société sur la santé des femmes, le vieillissement, et la fertilité.

Antiquité : une compréhension limitée de la ménopause

Dans l'Antiquité, les connaissances sur la ménopause étaient limitées et souvent enveloppées de mysticisme et de superstition. Les textes médicaux de l'époque, principalement écrits par des hommes, interprétaient la ménopause et ses symptômes à travers le prisme des théories humorales, une approche prédominante en médecine jusqu'à la fin du Moyen Âge.

Théories humorales et la ménopause

Selon la théorie humorale popularisée par Hippocrate au Ve siècle avant J.-C. dans son recueil médical "Corpus Hippocraticum», le corps humain était gouverné par quatre humeurs : le sang, la bile jaune, la bile noire, et le flegme. La santé dépendait de l'équilibre de ces humeurs, et toute maladie, y compris les symptômes de la ménopause, était perçue comme le résultat d'un déséquilibre. Dans le cas de la ménopause, les médecins de l'époque pensaient que l'arrêt des menstruations pouvait entraîner une accumulation de "sang vicié" dans le corps, ce qui provoquerait des désordres physiques et mentaux.

Perceptions culturelles et sociales

Au-delà de la médecine, la ménopause était également influencée par les croyances sociales et culturelles de l'époque. Dans la Grèce antique, par exemple, les femmes ménopausées étaient souvent perçues comme étant en proie à des "vapors" ou des "humeurs". Ces termes désignaient des énergies internes qui, lorsqu'elles étaient perturbées, pouvaient entraîner des symptômes comme la mélancolie, l'hystérie, ou la folie. Le respect de la femme âgée pouvait varier, certaines cultures voyant cette période comme une transition vers un statut de sage ou de conseillère, tandis que d'autres la stigmatisaient.

Les remèdes de l'antiquité

Les traitements pour la ménopause dans l'Antiquité étaient rudimentaires et reflétaient la compréhension limitée de l'époque. Les remèdes proposés incluaient souvent des saignées pour rééquilibrer les humeurs, des régimes alimentaires spécifiques, et l'utilisation d'herbes médicinales. Par exemple, le médecin romain Galien, dans son ouvrage « De Sanitate Tuenda » développant ses théories sur les humeurs et les traitements médicaux, recommandait des toniques à base de plantes pour "calmer" le corps et l'esprit, bien que l'efficacité de ces traitements soit sujette à caution.

Influence des textes anciens

Les écrits d'Hippocrate, de Galien, et d'autres figures médicales de l'Antiquité ont influencé les perceptions de la ménopause pendant des siècles. Ces textes ont souvent renforcé l'idée que la ménopause était une pathologie plutôt qu'une transition naturelle, une perspective qui a persisté dans certaines cultures jusqu'à l'époque moderne.

Moyen âge : la ménopause entre silence médical et croyances religieuses

Au Moyen Âge, la ménopause était une période de la vie féminine entourée de silence médical, de mysticisme et de superstition. Les interprétations religieuses et morales prenaient souvent le pas sur les explications biologiques, influençant à la fois la perception des femmes ménopausées et les traitements qui leur étaient proposés. Ce manque de compréhension scientifique et l'imprégnation de croyances religieuses ont laissé peu de place à une gestion bienveillante et éclairée de la ménopause, marquant une période sombre pour la santé féminine.

Silence et méconnaissance médicale

Les textes médicaux du Moyen Âge sont étonnamment silencieux
sur le sujet de la ménopause. Les écrits disponibles, souvent
hérités des théories humorales de l'Antiquité, abordaient rarement
les spécificités des maladies ou des transitions corporelles liées à
l'âge chez les femmes. Les médecins de l'époque, principalement
formés à partir des écrits d'Hippocrate, Galien, et autres
médecins antiques, n'avaient pas de termes spécifiques pour
décrire la ménopause. L'arrêt des menstruations était souvent
considéré comme un simple fait de la vieillesse, sans que ses
implications pour la santé soient bien comprises ou explorées.

Influence des croyances religieuses

La vie des femmes au Moyen Âge était fortement encadrée par la
religion chrétienne, qui dominait la pensée européenne de
l'époque. Cette influence religieuse avait un impact direct sur la
manière dont les problèmes de santé féminins étaient perçus et
traités. Les femmes ménopausées, n'étant plus dans leur période
de fertilité, étaient souvent marginalisées et pouvaient être
accusées de sorcellerie ou d'être en lien avec des forces occultes.
L'arrêt des menstruations, un signe physique de la fin de la
fertilité, pouvait être interprété comme une rupture de l'ordre
naturel, suscitant méfiance et peur.

Moralité et santé féminine

Le concept de moralité était central dans l'évaluation de la santé
des femmes au Moyen Âge. Les problèmes de santé féminins, y

compris ceux liés à la ménopause, étaient souvent vus comme des signes de péché ou de punition divine. Par exemple, une femme souffrant de symptômes sévères pendant la ménopause, tels que des bouffées de chaleur, des troubles du sommeil, ou des changements d'humeur, pouvait être perçue comme étant punie pour des péchés passés ou comme étant sous l'influence de forces démoniaques. Les explications médicales étaient alors éclipsées par des interprétations morales et religieuses, qui dictaient souvent les traitements proposés.

Traitements et pratiques médicales

Lorsqu'elles étaient traitées, les femmes ménopausées recevaient des soins basés sur des pratiques médicales imprégnées de superstition et de religiosité. Les remèdes proposés étaient souvent dérisoires ou inefficaces, consistant en des prières, des amulettes, ou des saignées pour rééquilibrer les humeurs. Les rares mentions de la ménopause dans les textes médicaux médiévaux se limitaient à des descriptions sommaires, souvent empreintes des croyances de l'époque, qui associaient les symptômes de la ménopause à des désordres psychologiques ou spirituels plutôt qu'à des changements physiologiques normaux.

La ménopause et la sorcellerie

Dans certains cas extrêmes, les femmes ménopausées pouvaient être accusées de sorcellerie, en particulier si elles présentaient des comportements ou des symptômes jugés anormaux. Les femmes âgées, souvent veuves ou vivant seules, étaient particulièrement vulnérables à de telles accusations. La ménopause, avec ses symptômes parfois difficiles à comprendre et à gérer, pouvait être interprétée comme un signe de déviance ou d'alliance avec le diable, surtout dans une culture où les connaissances scientifiques étaient rudimentaires et où la religion jouait un rôle central dans la vie quotidienne.

Références culturelles et textes de l'époque

Les rares textes médicaux qui mentionnent des femmes ménopausées reflètent une vision du monde où la biologie féminine était mal comprise et où la vieillesse féminine était souvent associée à la déchéance morale ou spirituelle. Des écrits comme ceux de Hildegarde de Bingen, une abbesse et guérisseuse du XIIe siècle, offrent un aperçu des pratiques de guérison de l'époque, bien que même ses descriptions de la ménopause soient limitées et souvent teintées de sa vision religieuse.

Renaissance et l'émergence de la science médicale : une nouvelle perception de la ménopause

La Renaissance, période marquée par un renouveau intellectuel et culturel en Europe, a également vu l'émergence d'une science médicale plus structurée et rationnelle. Ce changement a initié une transition vers une compréhension plus différenciée de la biologie masculine et féminine. Pour la première fois, les caractéristiques spécifiques des sexes ont été étudiées de manière distincte, ce qui a conduit à une reconnaissance accrue des particularités biologiques féminines, y compris celles associées à la ménopause.

Vers un modèle des deux sexes

Pendant des siècles, la médecine s'était appuyée sur un modèle "unisexuel" où le corps de la femme était souvent perçu comme une version imparfaite ou inversée du corps masculin. Cependant, à la Renaissance, les médecins et anatomistes ont commencé à concevoir le corps féminin comme possédant une biologie propre. Ce passage vers un modèle des deux sexes a conduit à une différenciation accrue dans la perception du vieillissement entre les hommes et les femmes. Cette évolution s'est reflétée dans la manière dont la ménopause a commencé à être abordée.

Une reconnaissance de la ménopause comme phénomène naturel

Avec l'émergence de la science médicale moderne, la ménopause a commencé à être reconnue non pas comme une pathologie, mais comme un phénomène naturel lié au vieillissement féminin. Des médecins de renom, comme Andreas Vesalius, ont entrepris des études anatomiques approfondies, contribuant à une meilleure compréhension des organes reproducteurs féminins. Toutefois, cette reconnaissance restait limitée, et les connaissances sur la ménopause étaient encore empreintes de nombreuses idées fausses.

Préjugés et stéréotypes de genre

Bien que la ménopause soit de plus en plus perçue comme un processus physiologique normal, les explications de ses symptômes étaient souvent imprégnées de préjugés et de stéréotypes de genre. Les femmes ménopausées étaient fréquemment décrites comme étant hystériques ou mélancoliques, des termes qui étaient utilisés pour pathologiser les comportements et les émotions associés aux changements hormonaux. Cette vision biaisée reflétait les attitudes sociales de l'époque, où la féminité était encore associée à la fertilité et à la capacité de procréer. Ainsi, la ménopause était parfois vue comme la fin de l'utilité sociale et biologique de la femme.

Traitements basés sur des conjectures

Les traitements médicaux de la ménopause à la Renaissance restaient largement inefficaces et fondés sur des conjectures plutôt que sur des preuves scientifiques. Les médecins de l'époque, malgré des avancées en anatomie et en physiologie, disposaient de peu d'informations sur les causes sous-jacentes des symptômes de la ménopause. En conséquence, les remèdes proposés étaient souvent inappropriés, voire dangereux. Les saignées, les purges, et les régimes stricts étaient couramment prescrits pour "équilibrer" les humeurs ou éliminer les "mauvais esprits" du corps. Des herbes médicinales, telles que la sauge ou le millepertuis, étaient également utilisées, bien que leur efficacité ne soit que limitée.

L'influence de la médecine galénique

La médecine de la Renaissance était encore fortement influencée par les théories galéniques de l'Antiquité, qui reposaient sur l'équilibre des humeurs. Cette influence persistante signifiait que la ménopause était souvent traitée dans le cadre de ces théories, avec des tentatives pour rétablir un équilibre entre le chaud, le froid, le sec, et l'humide dans le corps. Bien que ces approches aient été progressivement remises en question avec les progrès de la médecine expérimentale, elles restaient en vigueur pendant une grande partie de la Renaissance.

19ème Siècle : l'émergence du concept moderne de la ménopause

Le XIXe siècle marque une étape cruciale dans la compréhension et la reconnaissance de la ménopause comme une phase distincte de la vie des femmes. C'est au cours de cette période que le terme "ménopause" a été introduit et popularisé, donnant un nom à un phénomène jusque-là mal compris et souvent ignoré par la médecine.

L'introduction du terme "ménopause"

Le terme "ménopause" (du grec menopause, signifiant cessation des menstruations) a été introduit pour la première fois par Charles de Gardanne, un médecin français, dans son ouvrage publié en 1821 intitulé « De la ménopause ou de l'âge critique des femmes ». Cet ouvrage est l'un des premiers à décrire en détail les symptômes associés à la ménopause, comme les bouffées de chaleur, les sueurs nocturnes, et les changements d'humeur. Gardanne a joué un rôle clé dans la reconnaissance de la ménopause comme une étape physiologique distincte du vieillissement féminin, contribuant à faire évoluer les perceptions médicales de l'époque.

Une révision de la perception médicale du corps féminin

Jusqu'au XIXe siècle, la médecine occidentale considérait encore souvent le corps féminin comme une version imparfaite du corps masculin, une idée héritée des théories médicales antiques. Cette vision a commencé à changer à mesure que les médecins du XIXe siècle se sont penchés plus attentivement sur les spécificités biologiques des femmes. Ils ont commencé à reconnaître que la ménopause n'était pas une simple cessation des fonctions reproductives, mais un phénomène complexe affectant l'ensemble de la santé des femmes.

Description précise des symptômes

Les médecins du XIXe siècle ont commencé à décrire plus précisément les symptômes de la ménopause, contribuant ainsi à une meilleure compréhension de cette transition. Outre les symptômes physiques comme les bouffées de chaleur et les sueurs nocturnes, ils ont également noté les impacts psychologiques, tels que l'anxiété, la dépression, et l'instabilité émotionnelle. Cette reconnaissance plus précise a permis de commencer à traiter la ménopause non seulement comme un événement biologique, mais aussi comme un moment crucial affectant la santé mentale et émotionnelle des femmes.

Stigmatisation et attitudes sociétales

Malgré ces avancées médicales, les attitudes sociétales envers les femmes ménopausées au XIXe siècle étaient souvent empreintes de stigmatisation. La ménopause était tout de même fréquemment associée à l'instabilité émotionnelle, au déclin physique, et à une perte de valeur sociale. Les femmes ménopausées étaient parfois perçues comme étant hystériques ou déprimées, des stéréotypes qui reflétaient les préjugés de l'époque envers le vieillissement féminin. Cette stigmatisation renforçait l'idée que la valeur d'une femme était étroitement liée à sa fertilité, et que la ménopause marquait un déclin inévitable de son rôle dans la société. Les femmes ménopausées étaient souvent vues comme étant "hors d'usage", une perception qui contribuait à leur marginalisation sociale et à leur isolement. Cette vision réductrice ignorait les autres aspects de la vie féminine et limitait la reconnaissance de la ménopause comme une transition naturelle plutôt que comme une pathologie.

Les premiers développements de la thérapie hormonale

Le XIXe siècle a également vu les premières tentatives de traitement médical de la ménopause, marquant le début de ce qui deviendra plus tard la thérapie hormonale de substitution (THS). Bien que rudimentaires et souvent basées sur des concepts encore mal compris, ces premiers traitements cherchaient à compenser la perte hormonale perçue chez les femmes ménopausées. Des extraits d'organes animaux, tels que des ovaires ou des glandes endocrines, étaient parfois utilisés dans l'espoir de restaurer l'équilibre hormonal.

Cependant, ces premières formes de thérapie hormonale étaient controversées et leur utilisation restait limitée. Les connaissances scientifiques de l'époque sur les hormones étaient encore embryonnaires, et les traitements disponibles étaient souvent inefficaces voire dangereux. De plus, les thérapies hormonales suscitaient des débats éthiques et moraux, certains médecins s'interrogeant sur la pertinence de tenter d'intervenir dans un processus naturel comme la ménopause.

Evolution et héritage

L'approche médicale de la ménopause au XIXe siècle a posé les bases pour une compréhension plus approfondie de ce phénomène dans les siècles suivants. Malgré les limites de l'époque, cette période a été cruciale pour faire passer la ménopause du statut de condition pathologique à celui de phase normale de la vie. Les écrits de Charles de Gardanne et d'autres pionniers de la médecine ont contribué à démystifier la ménopause, ouvrant la voie à une exploration plus scientifique et moins stigmatisante de cette étape de la vie des femmes.

20ème Siècle : de la pathologisation à la reconnaissance de la ménopause

Le XXe siècle a marqué une période de transformation profonde dans la compréhension et la gestion de la ménopause. Grâce aux progrès de la médecine et à l'émergence du modèle hormonal du corps, les scientifiques et les médecins ont commencé à mieux comprendre les mécanismes physiologiques sous-jacents à la ménopause. Cependant, cette période a également été marquée par des visions contradictoires de la ménopause, oscillant entre sa reconnaissance comme une transition naturelle et sa pathologisation en tant que maladie ou déséquilibre hormonal.

L'émergence du modèle hormonal

Au début du XXe siècle, la découverte des hormones et la compréhension de leur rôle crucial dans le fonctionnement du corps ont révolutionné la médecine. Ce nouveau modèle hormonal a permis d'expliquer les changements physiologiques observés pendant la ménopause, tels que la diminution des œstrogènes et de la progestérone. Au fur et à mesure que la compréhension des fluctuations hormonales s'affine, les médecins commencent à relier ces changements à des effets plus larges sur le corps, comme les bouffées de chaleur, les sueurs nocturnes, les troubles du sommeil, les changements d'humeur ; y compris la redistribution des graisses et la tendance à la prise de poids, en particulier au niveau de l'abdomen.

Dans les années 1960 et 1970, avec l'essor de la thérapie hormonale substitutive (THS), les discussions sur la ménopause incluent de plus en plus la prise de poids comme un effet secondaire potentiel de la ménopause elle-même, ainsi que des traitements hormonaux. Des études sur le métabolisme et l'effet des œstrogènes sur la répartition des graisses renforcent cette compréhension. C'est également durant cette période que la prise de poids commence à être vue non seulement comme un effet physique, mais aussi en relation avec des facteurs psychologiques et comportementaux liés à la ménopause, tels que le stress et les changements de mode de vie.

Les scientifiques ont commencé à voir la ménopause non pas simplement comme l'arrêt des menstruations, mais comme une phase complexe impliquant une réorganisation hormonale majeure.

La thérapie hormonale substitutive (THS)

La découverte des hormones a également conduit à l'élaboration de la thérapie hormonale substitutive (THS), l'un des développements les plus significatifs dans le traitement des symptômes de la ménopause. Introduite dans les années 1940 et largement popularisée dans les années 1960, la THS visait à compenser la diminution des hormones féminines, principalement les œstrogènes, pour soulager les symptômes de la ménopause et prévenir certaines complications à long terme, comme l'ostéoporose.

Cependant, l'utilisation de la THS a toujours été entourée de controverses. Dans les décennies suivantes, des études ont mis en lumière les risques associés à la THS, notamment une augmentation du risque de cancer du sein, de maladies cardiovasculaires et d'accidents vasculaires cérébraux. Ces découvertes ont conduit à un débat public et scientifique intense sur les bénéfices et les risques de la THS, aboutissant à une diminution de son utilisation au début du XXIe siècle.

Reconnaissance de la ménopause comme une transition naturelle

Parallèlement à l'essor de la THS, il y a eu une reconnaissance croissante de la ménopause comme une transition naturelle dans la vie d'une femme. À partir des années 1960 et 1970, les mouvements féministes ont joué un rôle crucial dans la réappropriation du discours sur la ménopause, rejetant l'idée que celle-ci était une "maladie" à traiter. Ces mouvements ont encouragé une vision de la ménopause comme une étape normale de la vie, marquant la fin de la fertilité mais aussi le début d'une nouvelle phase, souvent associée à la liberté et à l'autonomie.

Les recherches médicales ont soutenu cette perspective en mettant en avant les aspects positifs de la ménopause, tels que la réduction des risques de certaines maladies associées à la fertilité, comme le cancer de l'ovaire. Toutefois, cette vision plus positive n'a pas complètement remplacé les perceptions pathologiques de la ménopause, et certains discours médicaux contemporains continuent de la voir comme un déséquilibre à corriger.

Pathologisation et visions carentielles

Malgré cette reconnaissance, la ménopause a continué à être pathologisée dans nombre de cas au XXe siècle, en véhiculant l'idée d'un état de carence hormonale nécessitant une intervention médicale. Cette vision a dominé une grande partie du discours médical, où la ménopause était perçue comme un état de "manque" qu'il fallait compenser par des hormones ou d'autres traitements. Cette approche maintenait l'idée que le corps féminin, une fois ménopausé, était "déficient" ou "dysfonctionnel", une perception qui a contribué à la stigmatisation des femmes ménopausées.

Cette pathologisation de la ménopause a eu des implications sur la manière dont les femmes ont pu vivre cette transition. Beaucoup ont ressenti une pression pour suivre des traitements médicaux, même lorsque leurs symptômes étaient modérés ou gérables, par crainte d'être perçues comme "malades" ou "vieillissantes".

Evolution vers la fin du siècle et au début du 21ème Siècle

Vers la fin du XXe siècle et au début du XXIe siècle, les attitudes envers la ménopause ont continué à évoluer. Les avancées en médecine, combinées à une meilleure information du public et à un renforcement des droits des patients, ont permis aux femmes de faire des choix plus éclairés concernant leur santé pendant la ménopause. La diversité des expériences ménopausiques a été de plus en plus reconnue, et de nouvelles approches non hormonales, telles que les thérapies comportementales et les remèdes à base de plantes, ont été explorées.

Aujourd'hui : entre médicalisation et acceptation

Au XXIe siècle, la ménopause est de plus en plus perçue comme une étape naturelle et normale de la vie d'une femme. Cette perception est le résultat de décennies de progrès dans la compréhension des changements physiologiques qui accompagnent cette transition, ainsi que d'une prise de conscience accrue des divers impacts que la ménopause peut avoir sur la santé physique et mentale. Cependant, la manière dont la ménopause est abordée aujourd'hui oscille encore entre deux tendances majeures : la médicalisation et l'acceptation naturelle.

Une meilleure compréhension des symptômes et des traitements individualisés

Les recherches récentes ont considérablement amélioré notre compréhension des symptômes associés à la ménopause, dont la liste s'avère plus importante que ce qui était répertorié avant. Cette connaissance accrue a conduit à des traitements plus ciblés et individualisés. Contrairement aux approches uniformes du passé, les femmes peuvent désormais bénéficier de soins adaptés à leurs besoins spécifiques, prenant en compte non seulement leurs symptômes, mais aussi leur état de santé général, leurs antécédents médicaux, et leurs préférences personnelles.

La thérapie hormonale substitutive (THS), par exemple, est désormais prescrite de manière plus prudente, avec une évaluation rigoureuse des risques et des bénéfices pour chaque patiente. Des alternatives non hormonales, telles que les inhibiteurs sélectifs de la recapture de la sérotonine (ISRS), les thérapies cognitivo-comportementales (TCC), et l'acupuncture, sont également de plus en plus utilisées pour traiter les symptômes de la ménopause, offrant ainsi une gamme plus large d'options thérapeutiques.

Le débat sur la médicalisation

Malgré ces avancées, la médicalisation de la ménopause reste un sujet de débat. Certains experts et défenseurs de la santé des femmes critiquent ce qu'ils considèrent comme une tendance à pathologiser un processus naturel, en mettant trop l'accent sur les traitements médicaux au détriment des approches plus holistiques. Ils plaident pour une vision de la ménopause qui célèbre cette transition comme une période de renouveau et d'autonomisation, plutôt que comme une "maladie" à traiter.

Cette critique s'inscrit dans un contexte plus large de remise en question de la médicalisation excessive de la vie, où des événements naturels tels que la grossesse, l'accouchement, et la ménopause sont parfois trop encadrés par des interventions médicales. Les partisans d'une approche plus holistique soulignent l'importance d'intégrer des pratiques telles que la nutrition, l'exercice, la méditation, et la phytothérapie dans la gestion de la ménopause. Ces approches visent à soutenir le bien-être global des femmes sans recourir systématiquement aux médicaments.

Vers une acceptation et une célébration de la ménopause

Parallèlement à la médicalisation, un mouvement croissant vise à promouvoir l'acceptation et la célébration de la ménopause comme une étape positive de la vie. De plus en plus de femmes et de professionnels de santé se battent pour que la ménopause soit reconnue comme pouvant être une période de croissance personnelle, de sagesse accrue, et de liberté retrouvée. Cette perspective encourage les femmes à embrasser la ménopause comme une opportunité de redéfinir leur identité et de se concentrer sur leur bien-être à long terme, plutôt que de succomber aux stéréotypes toujours présents de « la femme parfaite ». Les femmes se rebellent, s'affirment, se détachent petit à petit des images de ce qu'elles doivent être dans la société. Elles prônent la liberté d'être et de s'exprimer. Elles reconnaissent qu'elles sont toutes différentes.

Les réseaux sociaux et les communautés en ligne jouent un rôle clé dans cette évolution, commençant à offrir des plateformes où les femmes peuvent partager leurs expériences, échanger des conseils, et trouver du soutien. Ces espaces commencent à normaliser les discussions autour de la ménopause et de briser les tabous qui l'entourent, contribuant ainsi à un changement culturel. Les femmes se renseignent, se font leurs propres idées, et se préparent pour que la ménopause ne soit vue non pas comme une fin, mais comme un nouveau départ.

Cependant, Près d'une Française sur deux considère toujours qu'elle n'est pas suffisamment informée en la matière, selon une étude Essity de 2023, et apprend sur le tas que la ménopause, processus naturel qui marque l'arrêt de la fonction ovarienne, donc la fin de la fertilité, est définitivement installée lorsque les règles ont cessé depuis douze mois.

Références et influence contemporaine

Les recherches actuelles continuent de faire évoluer la perception de la ménopause. Des études récentes publiées dans des revues médicales telles que *The Lancet* ou *Menopause* explorent les effets à long terme de la THS, les alternatives naturelles, et l'impact de la ménopause sur la santé mentale.

À travers l'histoire, la perception de la ménopause a reflété les croyances et les connaissances médicales de chaque époque, passant d'un mystère peu compris à un sujet de recherche médicale intensive. Aujourd'hui, la ménopause est à la croisée des chemins entre une médicalisation encore présente et une acceptation croissante de ce processus naturel. Alors que les traitements deviennent de plus en plus individualisés, permettant aux femmes de mieux gérer leurs symptômes, le débat continue sur la meilleure manière d'aborder cette étape de la vie. De plus en plus, une approche équilibrée qui intègre des soins médicaux avec des pratiques holistiques et un soutien communautaire émerge, offrant aux femmes la possibilité de naviguer la ménopause avec une nouvelle perspective de liberté, de bien-être et d'autonomie, tout en n'étant plus seule à faire sa traversée du désert.

Ménopause et médecins d'aujourd'hui

Aujourd'hui, plusieurs branches de la médecine s'efforcent de sensibiliser, d'éduquer et d'aider les femmes à mieux comprendre et gérer la ménopause, ainsi que d'autres aspects de leur santé reproductive et générale. Voici un aperçu des efforts réalisés dans ce domaine :

Médecine générale et soins primaires : le pilier de la sensibilisation et de l'éducation sur la ménopause

Les médecins généralistes et les professionnels des soins primaires occupent une position centrale dans la gestion de la santé des femmes tout au long de leur vie, y compris pendant la ménopause. En tant que premier point de contact, ces praticiens jouent un rôle crucial dans la sensibilisation, l'éducation, et le soutien des femmes pendant cette transition naturelle mais souvent complexe.

Premier point de contact : un rôle essentiel

Les médecins généralistes sont souvent les premiers à être consultés par les femmes qui commencent à éprouver des symptômes de la ménopause, tels que des bouffées de chaleur, des sueurs nocturnes, des troubles du sommeil, ou des changements d'humeur. Selon une étude publiée dans le *Journal of Women's Health*, plus de 60 % des femmes ménopausées consultent d'abord leur médecin généraliste pour discuter de leurs symptômes . Ce rôle de premier point de contact est essentiel, car il permet aux médecins de dépister les symptômes précoces, de rassurer les patientes, et de fournir des informations précises sur ce à quoi s'attendre pendant la ménopause.

Sensibilisation et éducation : une approche individualisée

Les médecins généralistes sont bien placés pour sensibiliser et éduquer les femmes sur la ménopause, car ils ont une connaissance approfondie des antécédents médicaux de leurs patientes et de leur contexte de vie. Cette relation de confiance permet une approche individualisée, où les informations fournies peuvent être adaptées aux besoins spécifiques de chaque femme. Par exemple, un médecin généraliste peut expliquer les différents stades de la ménopause (périménopause, ménopause, et post-ménopause) et comment ces phases peuvent affecter la santé de la femme à court et long terme.

Ils fournissent également des conseils pratiques sur la gestion des symptômes, en abordant des aspects tels que les modifications du mode de vie, la nutrition, l'exercice physique, et les techniques de gestion du stress. Une étude publiée dans *The Lancet* montre que les interventions en soins primaires, telles que les conseils sur l'alimentation et l'exercice, peuvent significativement améliorer la qualité de vie des femmes ménopausées.

Gestion des symptômes : des options de traitement variées

Les médecins généralistes discutent des différentes options de traitement disponibles pour la ménopause, en tenant compte des préférences de la patiente et de son état de santé général. Parmi ces options, la thérapie hormonale substitutive (THS) est souvent au centre des discussions. Les médecins généralistes jouent un rôle clé dans l'évaluation des bénéfices et des risques de la THS pour chaque patiente, en tenant compte de ses antécédents médicaux et de ses préoccupations personnelles.

Pour les femmes qui ne souhaitent pas ou ne peuvent pas utiliser la THS, les médecins généralistes peuvent proposer des alternatives non hormonales.

Orientation vers des spécialistes : une collaboration essentielle

Lorsque les symptômes de la ménopause sont complexes ou sévères, les médecins généralistes peuvent orienter les patientes vers des spécialistes, tels que des gynécologues ou des endocrinologues, pour une prise en charge plus approfondie. Cette collaboration entre les soins primaires et les spécialistes est essentielle pour garantir que les femmes reçoivent les soins les plus adaptés à leur situation. Par exemple, un gynécologue peut offrir une expertise supplémentaire sur la gestion des symptômes gynécologiques, tandis qu'un endocrinologue peut se concentrer sur les aspects hormonaux complexes de la ménopause, tels que les troubles thyroïdiens ou les déséquilibres endocriniens.

Gynécologie et endocrinologie : les spécialistes de la ménopause

Les gynécologues et les endocrinologues sont au cœur de la gestion de la ménopause, apportant une expertise spécialisée dans les changements hormonaux et les soins de santé féminins. Ces praticiens jouent un rôle crucial dans l'éducation des patientes, la gestion des symptômes, et la prévention des complications associées à la ménopause.

Education sur les changements hormonaux

Les gynécologues et les endocrinologues sont particulièrement bien placés pour expliquer les complexités des changements hormonaux qui surviennent pendant la ménopause. Ces spécialistes aident les patientes à comprendre comment les fluctuations hormonales affectent leur corps, tout en respectant le fait que chaque femme peut traverser la ménopause d'une manière différente.

L'éducation est une composante essentielle du rôle de ces spécialistes. En informant les femmes sur ce à quoi s'attendre pendant la ménopause, les gynécologues et les endocrinologues réduisent l'anxiété et l'incertitude qui entourent souvent cette période de la vie. Une étude publiée dans le *Journal of Endocrinology* souligne que les patientes bien informées sont plus susceptibles de participer activement à la gestion de leur santé, ce qui peut améliorer les résultats à long terme.

Gestion des symptômes et options de traitement

Les gynécologues et les endocrinologues travaillent avec les patientes pour développer des plans de traitement personnalisés qui répondent à leurs besoins spécifiques, au cas par cas.

Outre la THS, les gynécologues et les endocrinologues explorent également des options de traitement non hormonales telles que les inhibiteurs sélectifs de la recapture de la sérotonine (ISRS), ainsi que les approches complémentaires comme l'acupuncture ou la phytothérapie. En offrant une gamme d'options de traitement, ces spécialistes permettent aux patientes de choisir la voie qui leur convient le mieux, en fonction de leurs préférences personnelles et de leur état de santé global.

Identification et gestion des risques pour la santé

L'un des aspects les plus importants de la prise en charge par les gynécologues et les endocrinologues est l'identification et la gestion des risques pour la santé associés à la ménopause (ostéoporose, maladies cardiovasculaires). Ces spécialistes sont formés pour évaluer ces risques de manière proactive et proposer des stratégies de prévention adaptées.

Prévention et stratégies de long terme

Les gynécologues et les endocrinologues ne se contentent pas de traiter les symptômes immédiats de la ménopause, ils se concentrent également sur la prévention des complications à long terme. Ils collaborent avec les patientes pour élaborer des stratégies de santé à long terme qui incluent la gestion du poids, le maintien de la santé osseuse et cardiovasculaire, et la prévention des maladies chroniques associées au vieillissement.

En outre, ces spécialistes suivent de près les patientes ménopausées, en effectuant des examens réguliers et en ajustant les traitements au besoin. Cette approche continue permet de s'assurer que les patientes restent en bonne santé et que les risques sont gérés de manière proactive.

Santé publique : une mobilisation globale pour la sensibilisation à la ménopause

Les départements de santé publique et les organisations de santé mondiales jouent un rôle essentiel dans la sensibilisation à la ménopause, en particulier dans un contexte où cette transition naturelle reste encore entourée de tabous et de désinformation. En collaborant avec les gouvernements, les institutions médicales et les ONG, ces entités œuvrent pour améliorer la compréhension de la ménopause, tant au niveau des professionnels de la santé que du grand public.

Campagnes d'information et sensibilisation à grande échelle

Les campagnes d'information à grande échelle sont un outil clé utilisé par les départements de santé publique pour sensibiliser le public à la ménopause. Ces campagnes visent à fournir des informations claires et accessibles sur ce qu'est la ménopause, les symptômes associés, et les options de traitement disponibles. Elles sont souvent diffusées par divers canaux, tels que la télévision, la radio, les médias sociaux, et les sites web spécialisés en santé. L'objectif est de toucher un large public et de démystifier la ménopause, en la présentant comme une étape normale de la vie plutôt que comme une pathologie à craindre.

Par exemple, des initiatives comme la Journée Mondiale de la Ménopause ayant lieu chaque année le 18 octobre, promue par la Société Internationale de la Ménopause (IMS) en collaboration avec l'Organisation Mondiale de la Santé (OMS), visent à attirer l'attention sur les enjeux liés à la ménopause à l'échelle mondiale. Cette journée est dédiée à l'éducation et à la sensibilisation, avec la publication de brochures, d'affiches, et d'autres supports éducatifs qui sont distribués dans les cliniques, les pharmacies, et en ligne.

Guides et ressources éducatives

Les départements de santé publique produisent également des guides et des ressources éducatives pour aider les femmes à traverser la ménopause de manière informée. Ces documents couvrent un large éventail de sujets, tels que les symptômes courants, les traitements disponibles, les changements de mode de vie recommandés, et les conseils pour maintenir une bonne santé physique et mentale pendant la ménopause.

Ces ressources sont souvent élaborées en partenariat avec des experts en santé publique, des gynécologues, des endocrinologues, et des psychologues, afin d'assurer qu'elles soient basées sur les dernières preuves scientifiques. Par exemple, le *Guide de la Ménopause* publié par l'OMS fournit des informations complètes et fiables destinées non seulement aux femmes, mais aussi aux professionnels de la santé, pour garantir que les soins prodigués soient cohérents et basés sur les meilleures pratiques.

Programmes de formation pour les professionnels de la santé

Une autre dimension cruciale des initiatives de santé publique est la formation des professionnels de la santé. Les programmes de formation continue sont mis en place pour sensibiliser les médecins, les infirmières, et autres personnels soignants aux spécificités de la ménopause et à la manière d'accompagner les patientes pendant cette transition. Ces programmes incluent des modules sur la gestion des symptômes, les risques associés à la ménopause, les options de traitement, et l'importance d'une approche centrée sur la patiente.

Ces formations sont essentielles pour s'assurer que les professionnels de la santé sont bien équipés pour fournir des soins appropriés et soutenir les femmes de manière empathique et éclairée. L'OMS, par exemple, a développé des programmes de formation en ligne accessibles aux professionnels de santé du monde entier, offrant des certifications sur la gestion de la santé des femmes à différents stades de la vie, y compris la ménopause.

Briser les tabous et normaliser les discussions

Un des objectifs principaux des efforts de santé publique est de briser les tabous entourant la ménopause. Dans de nombreuses cultures, la ménopause est encore un sujet sensible, encore associé à la vieillesse et à une perte de féminité, conduisant à une stigmatisation des femmes ménopausées. Les départements de santé publique travaillent à normaliser les discussions sur la ménopause, en encourageant les femmes à parler ouvertement de leurs expériences, en sensibilisant le public aux réalités de cette transition et en créant un environnement où les femmes peuvent rechercher des soins et des informations sans crainte de jugement ou de discrimination.

Accès à des soins appropriés

Enfin, les organisations de santé publique s'efforcent de garantir que toutes les femmes aient accès à des soins appropriés pendant la ménopause. Cela inclut non seulement l'accès à des professionnels de la santé bien formés, mais aussi à des traitements et à des services de soutien. Des politiques de santé publique sont développées pour intégrer la ménopause dans les services de santé de base, en veillant à ce que les soins soient accessibles, abordables, et adaptés aux besoins de chaque femme.

Les initiatives mondiales, telles que celles menées par l'OMS, encouragent également les pays à intégrer la prise en charge de la ménopause dans leurs plans nationaux de santé, en particulier dans les pays en développement où l'accès aux soins peut être limité. Ces efforts visent à assurer que la ménopause soit reconnue comme une composante essentielle de la santé des femmes et que des ressources suffisantes soient allouées pour répondre à ces besoins.

Médecine préventive et promotion de la santé : un pilier pour la gestion de la ménopause

La médecine préventive et la promotion de la santé sont des composantes clés de la gestion de la ménopause, offrant aux femmes les outils et les connaissances nécessaires pour maintenir leur bien-être avant, pendant, et après cette transition. En se concentrant sur la prévention des complications et la promotion d'un mode de vie sain, ces approches permettent de réduire les risques associés à la ménopause et d'améliorer la qualité de vie des femmes à long terme.

Education sur la santé globale et la prévention

Les professionnels de la médecine préventive se consacrent à l'éducation des femmes sur l'importance de prendre soin de leur santé à chaque étape de la vie, y compris pendant la ménopause. Ils fournissent des conseils pratiques et basés sur des preuves concernant l'alimentation, l'exercice physique, et la gestion du stress, trois piliers fondamentaux pour atténuer les symptômes de la ménopause et prévenir les complications futures.

Dépistages et prévention des maladies

La médecine préventive met également l'accent sur l'importance des dépistages réguliers pour détecter précocement les conditions liées à la ménopause, telles que l'ostéoporose et le cancer du sein. Ces dépistages (mammographies et tests de densité osseuse) permettent une intervention précoce, qui est souvent cruciale pour un traitement efficace.

Promotion de la santé et prévention à long terme

Au-delà de l'éducation et des dépistages, les professionnels de la médecine préventive travaillent à promouvoir un ensemble de pratiques de santé à long terme qui contribuent à la prévention des maladies chroniques associées à la ménopause, telles que les maladies cardiovasculaires, le diabète, et l'obésité. En encourageant les femmes à adopter des habitudes de vie saines et adaptées, notamment grâce à l'alimentation, dès le début de la ménopause, ces professionnels aident à réduire l'incidence de ces maladies et à prolonger la santé et la qualité de vie des femmes.

Thérapies de relaxation et techniques de gestion du stress :

Les psychologues et les conseillers en santé mentale intègrent souvent des techniques de relaxation, telles que la méditation, la respiration profonde, et la relaxation musculaire progressive, dans leurs pratiques pour aider les femmes à gérer le stress et l'anxiété liés à la ménopause. Ces techniques sont généralement particulièrement efficaces pour réduire les symptômes de tension et d'anxiété, et pour améliorer la qualité du sommeil, souvent perturbée pendant la ménopause.

Approches holistiques et intégratives

Certains professionnels de la santé mentale adoptent également une approche holistique en intégrant des pratiques telles que l'aromathérapie, le yoga thérapeutique, et la thérapie par l'art ou la musique. Ces approches visent à améliorer le bien-être global de la patiente en travaillant sur le corps et l'esprit de manière intégrée.

Sensibilisation à l'importance de la santé mentale pendant la ménopause

Au-delà du traitement direct, les psychologues et conseillers en santé mentale jouent un rôle clé dans la sensibilisation des femmes à l'importance de la santé mentale pendant la ménopause. Ils travaillent à normaliser les discussions sur les impacts émotionnels de cette période, aidant les femmes à comprendre que ce qu'elles vivent est courant et qu'elles ne sont pas seules.

Education et prévention

Ces professionnels développent des programmes éducatifs pour informer les femmes sur les signes avant-coureurs de l'anxiété et de la dépression, et sur les stratégies pour maintenir un bon équilibre mental. En sensibilisant les femmes aux changements émotionnels qui peuvent survenir, ils les aident à être plus attentives à leur bien-être mental et à rechercher de l'aide dès les premiers signes de détresse.

Groupes de soutien et communautés

Les psychologues et conseillers en santé mentale facilitent souvent des groupes de soutien où les femmes peuvent partager leurs expériences, discuter des défis qu'elles rencontrent, et recevoir du soutien mutuel. Ces groupes jouent un rôle important dans la réduction de l'isolement social et l'amélioration du moral pendant la ménopause. Des recherches ont montré que les groupes de soutien peuvent réduire les sentiments de solitude et améliorer le bien-être émotionnel des participantes.

Intégration des soins mentaux dans la prise en charge de la ménopause

Il est de plus en plus reconnu que la santé mentale doit être intégrée dans la prise en charge globale de la ménopause. Les collaborations entre gynécologues, endocrinologues, et professionnels de la santé mentale deviennent plus courantes, permettant une approche plus complète et holistique des soins. Cette collaboration garantit que les aspects émotionnels de la ménopause sont pris en compte aux côtés des considérations physiques, offrant ainsi une meilleure qualité de soins pour les patientes.

Médecine intégrative : une approche holistique de la ménopause

La médecine intégrative représente une approche de soins qui combine les méthodes médicales traditionnelles avec des pratiques complémentaires pour offrir une prise en charge globale et personnalisée de la ménopause. En se concentrant sur l'équilibre entre le corps et l'esprit, la médecine intégrative cherche à améliorer le bien-être des femmes en leur proposant des alternatives naturelles et des solutions adaptées à leurs besoins spécifiques.

Combinaison des approches médicales traditionnelles et complémentaires

Les praticiens de la médecine intégrative adoptent une perspective holistique qui considère la ménopause non seulement comme un événement biologique, mais aussi comme une phase de transition psychologique et émotionnelle. Cette approche intègre des traitements conventionnels, comme la thérapie hormonale substitutive (THS), avec des pratiques complémentaires telles que l'acupuncture, la phytothérapie, et le yoga.

Acupuncture : L'acupuncture est une technique ancienne de la médecine chinoise qui consiste à insérer de fines aiguilles dans des points spécifiques du corps pour équilibrer le flux d'énergie. Plusieurs études, notamment publiées dans *Menopause: The Journal of The North American Menopause Society*, ont montré que l'acupuncture peut être efficace pour réduire les symptômes de la ménopause, tels que les bouffées de chaleur, les troubles du sommeil, et l'anxiété. Les praticiens de la médecine intégrative utilisent l'acupuncture comme une alternative ou un complément à la THS pour les femmes qui cherchent des options de traitement moins invasives.

Phytothérapie : La phytothérapie, ou l'utilisation de plantes médicinales, est une autre composante clé de la médecine intégrative. Des plantes telles que le trèfle rouge, le soja (source d'isoflavones), et la racine de maca sont couramment utilisées pour atténuer les symptômes de la ménopause. La recherche, comme celle publiée dans *Phytotherapy Research*, suggère que ces plantes peuvent offrir des bénéfices en termes de réduction des bouffées de chaleur et de soutien à l'équilibre hormonal, sans les effets secondaires souvent associés à la THS.

Yoga et méditation : Le yoga, combiné à la méditation, est largement utilisé dans la médecine intégrative pour soutenir le bien-être physique et mental pendant la ménopause. Le yoga aide à maintenir la flexibilité, la force, et la santé cardiovasculaire, tandis que la méditation est efficace pour gérer le stress, l'anxiété, et les troubles du sommeil.

Une approche holistique et personnalisée pour une autonomisation des patientes

Les praticiens de la médecine intégrative collaborent étroitement avec leurs patientes pour créer des plans de traitement sur mesure, prenant en compte leurs préférences et leurs besoins individuels. Cette approche holistique tient compte de l'état de santé général, du mode de vie, et des objectifs personnels de chaque femme.

Les praticiens fournissent des informations sur les diverses options de traitement disponibles, y compris les avantages et les inconvénients de chaque approche, ce qui permet aux patientes de prendre des décisions éclairées en fonction de leurs préférences personnelles. Une étude dans *The Journal of Integrative Medicine* souligne que cette approche participative contribue à un meilleur engagement des patientes et à des résultats de santé plus positifs.

Equilibre entre corps et esprit : L'une des principales valeurs de la médecine intégrative est la reconnaissance de l'interconnexion entre le corps et l'esprit. Les praticiens visent à équilibrer ces deux aspects en intégrant des techniques qui soutiennent à la fois la santé physique et le bien-être émotionnel.

Education médicale continue (emc) : un outil essentiel pour la prise en charge de la ménopause

L'Éducation Médicale Continue (EMC) joue un rôle crucial dans la formation des professionnels de la santé, en leur fournissant les connaissances et les compétences nécessaires pour prendre en charge les femmes ménopausées de manière efficace et basée sur les preuves. Avec l'évolution constante des connaissances médicales, les programmes d'EMC incluent désormais des modules spécifiques sur la ménopause, garantissant que les praticiens sont bien équipés pour répondre aux besoins complexes de leurs patientes.

Modules spécifiques sur la ménopause : une réponse à un besoin croissant

La ménopause, en tant que phase naturelle mais souvent complexe de la vie d'une femme, nécessite une prise en charge spécialisée. Les programmes d'EMC ont donc intégré des modules dédiés à la ménopause, couvrant une gamme de sujets essentiels tels que la physiopathologie des changements hormonaux, la gestion des symptômes, les risques pour la santé associés, et les options de traitement disponibles.

Ces modules sont conçus pour tenir les professionnels de santé informés des dernières recherches et des nouvelles directives cliniques. Par exemple, un médecin généraliste ou un gynécologue qui suit ces modules pourra se tenir à jour sur les avantages et les risques de la thérapie hormonale substitutive (THS), sur les nouvelles alternatives thérapeutiques non hormonales, et sur les stratégies de gestion des symptômes les plus efficaces.

Mise à jour des connaissances : la science au service des soins

La recherche médicale sur la ménopause évolue rapidement, avec de nouvelles découvertes qui influencent les pratiques cliniques. Les programmes d'EMC sont essentiels pour garantir que les praticiens restent au courant des avancées les plus récentes. Ces mises à jour couvrent non seulement les aspects cliniques, mais aussi les recommandations de santé publique, les innovations en matière de traitements, et les nouvelles approches en matière de soins intégratifs.

Des formations spécifiques sur la nutrition, l'exercice physique, et les techniques de gestion du stress sont souvent incluses, reflétant une approche holistique de la prise en charge de la ménopause.

Preuves et pratiques basées sur les données : L'un des objectifs principaux des programmes d'EMC est de promouvoir des soins basés sur les preuves. Cela signifie que les professionnels de santé apprennent à intégrer les meilleures données scientifiques disponibles dans leur pratique quotidienne, en tenant compte des préférences et des besoins individuels des patientes. Les modules sur la ménopause offrent des recommandations claires sur la manière d'appliquer ces preuves, que ce soit dans le choix d'un traitement, la gestion des effets secondaires, ou la prévention des complications à long terme.

Formation continue : un engagement pour des soins de qualité

L'éducation médicale continue ne se limite pas à une simple acquisition de connaissances ; elle est également un moyen pour les professionnels de santé de s'engager dans un processus d'amélioration continue de la qualité des soins. Les programmes d'EMC sur la ménopause encouragent les praticiens à réévaluer régulièrement leurs pratiques, à identifier les domaines où ils peuvent améliorer leurs compétences, et à adopter de nouvelles approches lorsque cela est justifié par les données scientifiques.

Formation interdisciplinaire : De plus, l'EMC favorise souvent une approche interdisciplinaire, en intégrant des perspectives provenant de diverses spécialités, telles que la gynécologie, l'endocrinologie, la cardiologie, et la psychologie. Cela permet une prise en charge plus complète et coordonnée des femmes ménopausées, en veillant à ce que tous les aspects de leur santé soient pris en compte.

Accréditation et certification : Les programmes d'EMC sont souvent accrédités par des organismes professionnels, ce qui garantit leur qualité et leur pertinence. Les praticiens peuvent également obtenir des certifications spécialisées après avoir suivi des formations spécifiques, ce qui reconnaît leur expertise dans la prise en charge de la ménopause. Ces certifications peuvent être un gage de confiance pour les patientes, qui savent que leur médecin est qualifié pour gérer les complexités de la ménopause.

Aujourd'hui, divers secteurs de la médecine s'efforcent d'éduquer et de sensibiliser les femmes sur la ménopause. En combinant des soins individualisés, une approche holistique, une adaptation nutritionnelle et des initiatives de sensibilisation à grande échelle, la médecine moderne cherche à démystifier la ménopause, à réduire la stigmatisation, et à aider les femmes à traverser cette transition avec confiance et soutien.

2. Le rôle de la gourmandise

La ménopause, marquée par des changements hormonaux, physiques et émotionnels, est souvent une période de bouleversements qui met à l'épreuve le bien-être quotidien. L'alimentation joue un rôle important dans la plupart des approches de soins comme nous l'avons vu. Dans ce contexte, la notion de gourmandise, souvent perçue comme une indulgence coupable, prend une nouvelle dimension. Loin d'être un simple excès à éviter, la gourmandise, lorsqu'elle est vécue de manière équilibrée et en pleine conscience, peut devenir une alliée précieuse pour traverser cette étape de la vie avec sérénité et épanouissement.

Un tabou à briser

La perception de la ménopause a évolué au fil du temps, reflétant les changements dans les connaissances médicales et les attitudes sociétales envers les femmes et le vieillissement. De l'Antiquité, où la ménopause était entourée de superstitions et de malentendus, à une approche médicale moderne plus éclairée, cette transition biologique a souvent été mal comprise et stigmatisée. Cependant, la ménopause n'est pas seulement un événement biologique ; elle représente également un passage psychologique et social, amenant des réflexions profondes sur le vieillissement, la féminité, et le rôle changeant des femmes dans la société.

Evolution des connaissances et de la société

Au fil des siècles, la manière dont la ménopause a été comprise et gérée offre un aperçu fascinant de l'évolution de la médecine et des normes culturelles. À une époque, la ménopause était perçue comme une fin, une période de déclin inévitable. Aujourd'hui, grâce aux avancées médicales, nous savons qu'il s'agit d'une transition naturelle, pouvant être vécue de manière positive avec le bon soutien et les bonnes informations.

L'alimentation joue un rôle crucial dans la gestion des symptômes de la ménopause. Une alimentation équilibrée, riche en nutriments essentiels, peut aider à atténuer les désagréments et à maintenir une bonne santé générale. Cependant, chaque femme vit cette transition différemment. Pour certaines, manger n'est qu'une nécessité, un simple moyen de remplir le réservoir pour continuer à avancer. Pour d'autres, la nourriture est bien plus qu'un carburant ; elle est une source de réconfort, une manière de « croquer la vie à pleines dents ».

Gourmandise et stigmatisation

La gourmandise, souvent stigmatisée, est encore souvent perçue comme un défaut, un vice, un pécher. Elle est particulièrement critiquée pendant la ménopause, où la prise de poids devient une préoccupation fréquente. Les femmes se retrouvent alors prises dans un double standard. D'une part, elles sont encouragées à maintenir une image de contrôle et de retenue. D'autre part, leurs besoins naturels de réconfort et de plaisir sont jugés et critiqués. Enfin, ce conflit intérieur génère du stress et de l'anxiété, exacerbant les symptômes de la ménopause et nuisant au bien-être global. Ce cercle vicieux peut être difficile à briser, et la culpabilité liée à la gourmandise ne fait qu'accentuer le mal-être.

Redéfinir la gourmandise

Il est essentiel de briser le tabou de la ménopause et de l'idée qu'il faut choisir entre manger et être bien dans sa peau. La gourmandise ne devrait pas être perçue comme une faiblesse ou un défaut, mais plutôt comme une célébration de la vie et du bien-être. La ménopause peut être une période de renouveau, une opportunité pour réévaluer sa relation avec la nourriture pour des raisons de santé, mais aussi pour le plaisir.

Permettre à une femme de savourer des aliments, de redécouvrir des saveurs, et de se nourrir en fonction de ce qui convient le mieux à son corps est un acte de bienveillance envers soi-même. La gourmandise, loin d'être synonyme de « gloutonnerie » comme la société le prétend souvent, peut être une expression positive d'amour de soi et de joie de vivre. En redéfinissant ce terme, on ouvre la voie à une approche plus saine et équilibrée de l'alimentation pendant la ménopause, où le plaisir et la santé vont de pair.

Du plaisir de manger

La gourmandise n'est pas simplement l'acte de manger ; c'est l'art de savourer la vie à travers les plaisirs de la table. Elle représente un moyen de transformer chaque repas en une expérience sensorielle et émotionnelle riche et satisfaisante. En prenant le temps d'apprécier chaque bouchée, de se laisser séduire par les saveurs, les textures, et les arômes, la gourmandise devient un vecteur de bien-être. Elle n'est pas une question de quantité, mais de qualité : savoir choisir les mets qui nourrissent autant l'âme que le corps, et trouver un équilibre entre plaisir et santé. En ce sens, la gourmandise est essentielle, surtout pendant des périodes de transition comme la ménopause.

Alimentation et émotions

L'alimentation joue un rôle crucial dans la gestion des émotions, particulièrement pendant la ménopause, une période marquée par des changements hormonaux, émotionnels, et physiques significatifs. Ces changements peuvent entraîner des sentiments de stress, d'anxiété, et de tristesse. Selon une étude publiée dans *Menopause: The Journal of The North American Menopause Society,* les fluctuations hormonales pendant la ménopause peuvent affecter les neurotransmetteurs dans le cerveau, tels que la sérotonine, augmentant ainsi le risque de troubles de l'humeur . Dans ce contexte, la nourriture peut devenir une source de réconfort. Les aliments réconfortants, souvent riches en glucides complexes, peuvent stimuler la production de sérotonine, une hormone associée au bien-être. Consommer des aliments qui rappellent des souvenirs heureux ou qui sont associés à des

moments de plaisir peut aider à apaiser les émotions négatives,
offrant ainsi une forme de soutien émotionnel pendant la
ménopause. Par exemple, un bol de soupe chaude ou un dessert
familial peut procurer une sensation de sécurité et de confort,
contribuant à améliorer l'humeur et à réduire le stress.

Le rôle du plaisir dans l'alimentation

Le plaisir de manger ne devrait pas être négligé, car il fait partie
intégrante d'une relation saine avec la nourriture. Savourer ce que
l'on mange, prendre le temps de se délecter des saveurs, et
apprécier le moment présent sont des pratiques qui favorisent une
meilleure digestion et un sentiment de satiété plus durable. Une
étude publiée dans *Appetite* a montré que manger en pleine
conscience, en se concentrant sur les sensations gustatives et en
appréciant chaque bouchée, peut aider à réduire les
comportements alimentaires compulsifs et à améliorer la
satisfaction après un repas.
De plus, le plaisir associé à la nourriture peut jouer un rôle
protecteur contre le stress et l'anxiété. En se permettant de
profiter de la nourriture sans culpabilité, on favorise une relation
positive avec l'alimentation, ce qui est particulièrement important
pendant la ménopause, lorsque les femmes sont déjà confrontées
à de nombreux défis émotionnels et physiques. La nourriture
devient alors un outil non seulement pour nourrir le corps, mais
aussi pour apaiser l'esprit.

La gourmandise comme équilibre entre plaisir et santé

Briser le tabou autour de la gourmandise, c'est reconnaître que la nourriture n'est pas seulement une nécessité biologique, mais aussi un vecteur de plaisir, de connexion sociale, et un outil important pour gérer les transitions de la vie, comme la ménopause. En redéfinissant la gourmandise, on la libère de ses connotations négatives et on la valorise comme une partie intégrante d'un mode de vie équilibré.

La gourmandise, pratiquée de manière équilibrée, devient un art de vivre qui soutient non seulement la santé physique, mais aussi émotionnelle et sociale. En cultivant une attitude positive envers la nourriture, les femmes peuvent maintenir une relation saine avec l'alimentation, sans culpabilité, même pendant la ménopause. Cela permet de continuer à se faire plaisir, à partager des moments conviviaux avec ses proches, et à découvrir de nouvelles saveurs, tout en prenant soin de son corps.

Les aliments réconfortants

Pendant la ménopause, la gestion des choix alimentaires devient particulièrement importante en raison des changements physiologiques, tels que le ralentissement du métabolisme et les besoins nutritionnels spécifiques. Les « aliments réconfortants » ont une capacité unique à apaiser l'esprit et à procurer un sentiment de sécurité. Ils sont souvent associés à des souvenirs d'enfance, à des moments partagés en famille ou à des occasions spéciales. Pendant la ménopause, où les émotions peuvent être fluctuantes et où le corps traverse de nombreux changements, ces aliments apportent une sensation de stabilité et de réconfort. Un bol de soupe chaude, un morceau de chocolat noir ou une tasse de thé parfumé peut offrir une pause bienvenue dans une journée stressante, en procurant un plaisir simple et immédiat.

Ces aliments réconfortants peuvent également être adaptés pour soutenir la santé globale. Il est possible de savourer ces plats tout en les réinventant pour répondre aux exigences d'une alimentation saine et équilibrée.

Les aliments réconfortants et la santé

Il est important de choisir des aliments réconfortants qui non seulement satisfont le palais, mais qui soutiennent également la santé. Pendant la ménopause, où le métabolisme peut ralentir et où les besoins en nutriments évoluent, opter pour des versions saines des aliments réconfortants est crucial. Les aliments réconfortants ne doivent pas être synonymes d'aliments riches en calories vides et en graisses saturées. En fait, avec quelques ajustements, ces plats peuvent devenir des sources de nutriments essentiels tout en offrant le réconfort que l'on recherche. Par exemple, un porridge à l'avoine agrémenté de fruits frais et de noix peut être à la fois réconfortant et riche en fibres, en vitamines et en minéraux essentiels. De même, un curry de légumes crémeux, préparé avec du lait de coco et des épices, peut apporter chaleur et réconfort tout en étant bénéfique pour la santé digestive et cardiaque.

Si le burger-frites est l'aliment réconfortant ultime pour beaucoup, il peut être réinventé pour être à la fois satisfaisant et bénéfique pour la santé. Commencez par remplacer le pain blanc par un pain complet ou un pain à base de grains entiers, qui est plus riche en fibres et en nutriments. Optez pour un steak de légumineuses, comme un mélange de pois chiches et de quinoa, ou un steak de viande maigre (comme le bœuf maigre ou le poulet) pour réduire les graisses saturées tout en maintenant une teneur élevée en protéines. Ajoutez une généreuse portion de légumes frais, tels que des tomates, de la laitue, et des avocats, pour augmenter la teneur en vitamines et en graisses saines.

Pour les frites, envisagez de les faire cuire au four plutôt que de les frire, en utilisant des patates douces ou des panais coupés en bâtonnets, légèrement enduits d'huile d'olive et assaisonnés d'épices. Ces alternatives offrent une richesse en fibres, en bêta-carotène, et en antioxydants, tout en conservant le croquant et la saveur qui rendent les frites si réconfortantes.

Gourmandise et équilibre

Pendant la ménopause, il est possible de continuer à savourer des plats gourmands tout en prenant soin de sa santé en adoptant des substitutions d'ingrédients judicieuses. Ces alternatives permettent de réinventer des recettes classiques en versions plus riches en nutriments essentiels, tout en conservant leur caractère réconfortant et savoureux.

Remplacer les ingrédients riches en graisses saturées

Les graisses saturées, souvent présentes dans le beurre, la crème ou les fromages riches, peuvent être remplacées par des graisses saines qui soutiennent la santé cardiovasculaire. Par exemple, dans les pâtisseries, le beurre peut être remplacé par de l'huile d'olive ou de l'huile de coco, qui apportent des acides gras mono-insaturés et polyinsaturés bénéfiques. Pour les sauces ou les gratins, le yaourt grec ou la purée d'avocat peuvent se substituer à la crème épaisse, réduisant ainsi l'apport en graisses saturées tout en conservant une texture crémeuse.

Substituer les sucreries raffinées

Le sucre raffiné, souvent utilisé dans les desserts, peut être remplacé par des alternatives naturelles comme le miel, le sirop d'érable ou encore les fruits mûrs tels que les bananes écrasées ou les dattes. Ces options apportent non seulement une douceur naturelle, mais aussi des nutriments comme les antioxydants et les fibres, qui aident à réguler la glycémie et à maintenir un niveau d'énergie stable. Utiliser des purées de fruits ou des compotes non sucrées dans les gâteaux et les muffins permet de réduire la teneur en sucre tout en conservant une saveur délicieusement sucrée.

Privilégier les farines complètes

Les farines blanches raffinées, qui sont pauvres en fibres et en nutriments, peuvent être avantageusement remplacées par des farines complètes comme la farine de blé entier, de seigle, ou encore des farines alternatives comme celles de sarrasin, d'amande ou de coco. Ces farines apportent non seulement une texture riche et une saveur plus prononcée, mais elles sont également riches en fibres, vitamines et minéraux. Elles favorisent la satiété et contribuent à une meilleure régulation du sucre dans le sang, ce qui est particulièrement important pendant la ménopause.

Réduire le sel avec des herbes et épices

Le sel, souvent utilisé pour rehausser la saveur des plats, peut être en partie remplacé par des herbes aromatiques et des épices. Le basilic, le thym, le romarin, ou encore le curcuma et le cumin, ajoutent non seulement du goût, mais apportent également des bienfaits pour la santé, tels que des propriétés anti-inflammatoires et antioxydantes. Cette substitution permet de réduire l'apport en sodium, bénéfique pour maintenir une pression artérielle saine et prévenir la rétention d'eau, un problème fréquent pendant la ménopause.

Opter pour des alternatives aux produits laitiers

Pour celles qui sont sensibles aux produits laitiers, les alternatives végétales comme le lait d'amande, de soja, ou d'avoine peuvent être utilisées. Ces laits végétaux sont souvent enrichis en calcium et vitamine D, essentiels pour la santé osseuse. En cuisine, ils peuvent remplacer le lait de vache dans les recettes de sauces, de soupes, ou même de pâtisseries, tout en offrant des saveurs subtiles et agréables.

Les substitutions d'ingrédients permettent de maintenir l'équilibre entre santé et gourmandise pendant la ménopause. En réinventant les recettes avec des alternatives plus saines, il est possible de continuer à savourer des plats délicieux tout en respectant les besoins nutritionnels spécifiques de cette période de vie. Cela permet non seulement de satisfaire les papilles, mais aussi de soutenir le bien-être global, faisant de chaque repas une véritable célébration du goût et de la santé.

De la nécessité de ne pas culpabiliser

Pendant la ménopause, de nombreuses femmes se retrouvent confrontées à des changements corporels et émotionnels qui, dans certains cas, peuvent influencer leur relation avec la nourriture. L'un des défis majeurs est de parvenir à manger sans culpabiliser, un concept crucial pour maintenir une relation saine avec l'alimentation et préserver son bien-être global. C'est une période où les fluctuations hormonales, les changements métaboliques, et les préoccupations sociétales autour du poids peuvent susciter une anxiété accrue autour de la nourriture. Pourtant, il est essentiel d'apprendre à se nourrir sans culpabilité, en embrassant le plaisir de manger comme une partie intégrante du bien-être.

Déconstruire les mythes

L'une des premières étapes pour manger sans culpabilité est de déconstruire les mythes et les idées reçues autour de la gourmandise. Dans de nombreuses cultures, la gourmandise étant associée à la gloutonnerie, à un manque de contrôle, et donc à quelque chose de négatif, ce qui créé un sentiment de culpabilité, surtout chez les femmes qui se sentent jugées pour leurs choix alimentaires, nous l'avons vu.

C'est pourquoi, redéfinir la gourmandise comme une appréciation positive de la nourriture est une première étape. Manger avec plaisir, apprécier les saveurs et les textures, et savourer chaque bouchée nourrira non seulement le corps, mais aussi l'esprit. En abandonnant l'idée que se faire plaisir est un péché, on ouvre la voie à une relation plus saine et plus équilibrée avec la nourriture.

La culpabilité alimentaire

La culpabilité alimentaire est non seulement inutile, mais elle peut aussi être nocive pour la santé mentale et physique. Lorsque manger devient une source d'angoisse plutôt qu'une source de plaisir, cela peut entraîner des comportements alimentaires désordonnés, comme les régimes yo-yo, la restriction excessive, ou les épisodes de suralimentation compulsive. Ces comportements ne font qu'accentuer le stress et l'anxiété, créant un cercle vicieux où la nourriture, censée être nourrissante et réconfortante, devient une source de souffrance.

Une étude publiée dans *Appetite* a montré que les personnes qui mangent avec culpabilité sont plus susceptibles de souffrir de troubles alimentaires et de troubles de l'humeur. En revanche, celles qui abordent l'alimentation avec une attitude positive et sans culpabilité ont tendance à avoir une meilleure relation avec la nourriture et à maintenir un poids stable de manière plus naturelle. Apprendre à manger sans culpabilité est donc essentiel pour préserver autant le bien-être mental que physique, particulièrement pendant la ménopause.

Adopter l'alimentation en pleine conscience

L'une des méthodes les plus efficaces pour manger sans culpabilité est de pratiquer l'alimentation en pleine conscience. Cette approche consiste à être pleinement présent au moment du repas, à manger lentement, et à savourer chaque bouchée en étant attentif aux sensations de goût, de texture, et de satiété. L'alimentation en pleine conscience permet de mieux réguler l'appétit, de prévenir les excès, et d'apprécier la nourriture pour ce qu'elle est, sans jugement ni culpabilité.

En étant attentif à ses signaux internes de faim et de satiété, on apprend à respecter les besoins de son corps, à ne pas manger par habitude ou par stress, mais par véritable faim. Cette pratique favorise une meilleure digestion, réduit le stress lié à l'alimentation, et encourage une relation plus harmonieuse avec la nourriture. En pleine ménopause, où le corps traverse de nombreuses transformations, l'alimentation en pleine conscience peut être un outil précieux pour maintenir l'équilibre.

Accepter et aimer son corps

Un autre aspect important de manger sans culpabilité est d'apprendre à accepter et à aimer son corps tel qu'il est. La ménopause est une période de transition naturelle, et il est normal que le corps change. Au lieu de lutter contre ces changements, il est plus bénéfique d'adopter une approche bienveillante envers soi-même, en reconnaissant que ces transformations font partie du processus de vieillissement et de la vie, dont c'est à nous de fixer les limites. On ne pourra plus avoir un corps de vingt ans. A chacune de nous de trouver son « juste milieu », sans excès ni manque : notre équilibre bien-être.

La ménopause, loin d'être une période de restriction, de privation, ou au contraire d'excès destructeurs, peut ainsi devenir un moment de renouveau, où l'on célèbre la vie à travers le plaisir de manger, sans culpabilité.

3. Ménopause et nutrition

La ménopause est une période de transition naturelle dans la vie d'une femme, marquée par des changements hormonaux significatifs qui affectent non seulement le corps, mais aussi l'esprit. Les fluctuations hormonales peuvent influencer nos préférences, nos réactions et notre métabolisme. Ces transformations peuvent entraîner divers symptômes, tels que les bouffées de chaleur, la prise de poids, les troubles du sommeil, et des fluctuations de l'humeur. Alors que chaque femme vit la ménopause de manière unique, une chose est universelle : l'importance d'une alimentation adaptée pour soutenir le bien-être pendant cette phase de vie.

Dans ce contexte, il peut sembler paradoxal, c'est vrai, de parler de plaisir en mangeant, comme si c'était un luxe que l'on ne pouvait plus se permettre. Pourtant, c'est précisément dans ces moments de transition que cette nécessité devient essentielle.

Attention, il ne s'agit pas de se livrer à des excès alimentaires ou de céder à des caprices alimentaires destructeurs pour la santé. Au contraire, il s'agit de cultiver une relation positive avec la nourriture et de prendre le temps de savourer chaque bouchée. Voici pourquoi cela est particulièrement pertinent pendant la ménopause :

Le Plaisir Alimentaire Réduit le Stress : La ménopause peut être une période de stress et d'anxiété. Prendre plaisir à chaque repas peut aider à réduire le stress en libérant des endorphines, ces hormones du bonheur qui nous font nous sentir bien. Lorsque nous savourons des plats que nous aimons, nous offrons à notre esprit un moment de répit, une pause bienvenue dans le tumulte de la vie quotidienne.

Le Plaisir Alimentaire Favorise l'Équilibre Hormonal : Les hormones jouent un rôle essentiel pendant la ménopause. Certaines substances présentes dans les aliments peuvent aider à équilibrer les niveaux hormonaux. Par exemple, les aliments riches en oméga-3, en vitamines et en minéraux peuvent contribuer à atténuer les symptômes tels que les bouffées de chaleur et les sautes d'humeur. Se faire plaisir en mangeant des aliments sains est un moyen d'apporter à notre corps ce dont il a besoin pour fonctionner au mieux.

Le Plaisir Alimentaire Favorise l'Estime de Soi : La ménopause peut parfois entraîner une perte de confiance en soi. Prendre soin de notre alimentation de manière positive et délibérée renforce notre estime de soi. Choisir des repas équilibrés et savoureux est un acte d'amour envers notre corps et notre esprit. Cela renforce notre sentiment de maîtrise et d'autonomie.

Le Plaisir Alimentaire Crée des Moments de Convivialité : Les repas sont souvent des occasions de rassemblement, de partage et de convivialité. En se faisant plaisir en mangeant, on peut créer des moments joyeux et précieux en compagnie de proches. C'est une opportunité de renforcer les liens familiaux et sociaux, ce qui est important pour notre bien-être émotionnel.

Le Plaisir Alimentaire Entretient la Passion pour la Vie : La ménopause est une étape de transition vers une nouvelle phase de la vie. Se faire plaisir en mangeant, en explorant de nouvelles saveurs et en découvrant de nouvelles recettes, peut entretenir notre passion pour la vie et notre curiosité. C'est une invitation à rester ouverts aux expériences et à embrasser ce que l'avenir nous réserve.

Se faire plaisir en mangeant pendant la ménopause est bien plus qu'une indulgence, c'est un acte de bienveillance envers soi-même. Cela peut contribuer à réduire le stress, à équilibrer les hormones, à renforcer l'estime de soi, à créer des moments de convivialité et à entretenir la passion pour la vie. Alors, n'hésitons pas à savourer chaque repas comme un cadeau que nous nous offrons, car après tout, nous le méritons bien.

S'adapter aux changements

La ménopause, souvent décrite comme une transition naturelle dans la vie d'une femme, peut entraîner une multitude de changements physiques et émotionnels. S'adapter à ces changements peut être déconcertant et, pour certaines, déstabilisant. Les femmes ne sont pas égales face à ces choix : « Dois-je continuer à me faire plaisir avec de bons petits plats au risque de prendre beaucoup de poids ? » ou « Suis-je obligée de suivre un régime drastique pour continuer à être celle que j'étais ?» ...

Acceptation et compréhension

La première étape pour s'adapter aux changements physiques liés à la ménopause est l'acceptation. Reconnaître que la ménopause est une phase naturelle et inévitable de la vie peut aider à réduire l'anxiété et à favoriser une attitude positive. S'informer sur les changements attendus peut également démystifier l'expérience et préparer mentalement à ce qui vient. Les femmes devraient être encouragées à parler ouvertement de leurs expériences, à chercher des informations fiables et à consulter des professionnels de la santé pour des conseils personnalisés.

Ajustements de style de vie

Les modifications du style de vie jouent un rôle crucial dans la gestion des changements physiques pendant la ménopause. Voici quelques stratégies clés :

Alimentation équilibrée : Une alimentation riche en fruits, légumes, fibres, et faible en graisses saturées peut aider à gérer le poids et à réduire le risque de maladies chroniques. Les aliments riches en calcium et en vitamine D sont essentiels pour maintenir la santé osseuse.

Activité physique régulière : L'exercice peut aider à atténuer certains symptômes de la ménopause, comme les bouffées de chaleur, l'insomnie, et le gain de poids. Des activités telles que la marche, le yoga, et la natation sont particulièrement bénéfiques.

Gestion du stress : Des techniques de relaxation comme la méditation, le yoga, ou la respiration profonde peuvent aider à gérer le stress et à améliorer le bien-être émotionnel.

Sommeil de qualité : Maintenir une bonne hygiène de sommeil est crucial. Établir une routine de coucher régulière, limiter la consommation de caféine et d'alcool, et créer un environnement de sommeil confortable peuvent améliorer la qualité du sommeil.

Santé cardiovasculaire : La ménopause peut augmenter les risques de maladies cardiaques. Une alimentation équilibrée, riche en fruits, légumes, grains entiers et faible en graisses saturées, ainsi que l'exercice régulier, sont essentiels pour maintenir la santé du cœur.

Santé de la peau et des cheveux : La peau peut devenir plus sèche et perdre de son élasticité, et les cheveux peuvent s'amincir. L'hydratation, une bonne nutrition et des soins de la peau adaptés sont importants pour atténuer ces effets.

Sécheresse vaginale : Utiliser des lubrifiants à base d'eau et des hydratants vaginaux pour soulager la sécheresse et l'inconfort.

Incontinence urinaire : Les exercices de Kegel peuvent renforcer les muscles du plancher pelvien, aidant à gérer l'incontinence.

Interventions médicales

Pour certaines femmes, les ajustements de style de vie seuls ne suffisent pas à gérer les symptômes de la ménopause. Dans ces cas, des interventions médicales peuvent être nécessaires :

Thérapie hormonale substitutive (THS) : Peut être efficace pour traiter les bouffées de chaleur, les sueurs nocturnes, et d'autres symptômes. Cependant, elle doit être envisagée au cas par cas, en raison de potentiels effets secondaires.

Traitements non hormonaux : Des médicaments comme les antidépresseurs peuvent être prescrits pour atténuer les bouffées de chaleur et l'humeur dépressive.

Suppléments et remèdes naturels : Certains suppléments, comme le soja, la sauge et le trèfle rouge, peuvent offrir un soulagement. Cependant, il est important de discuter avec un professionnel de la santé avant de commencer tout nouveau supplément.

Soutien social et émotionnel

Le soutien social et émotionnel est vital pour s'adapter aux changements physiques de la ménopause. Rejoindre des groupes de soutien, parler avec des amis et de la famille, ou consulter un thérapeute peut fournir un espace pour partager des expériences et des stratégies d'adaptation. Savoir que l'on n'est pas seul dans cette expérience peut être incroyablement réconfortant et habilitant.

Surveillance et prévention :

Dépistages réguliers : Il est important de poursuivre les examens réguliers, y compris les mammographies, les tests de densité osseuse, et les bilans de santé cardiovasculaire.

Consultation médicale : Discuter avec un professionnel de la santé des changements physiques et des stratégies pour les gérer est essentiel. Cela inclut la considération de traitements hormonaux ou non hormonaux pour les symptômes sévères.

L'impact hormonal sur l'alimentation

Les hormones jouent un rôle crucial dans la régulation de nombreux aspects de notre métabolisme, y compris notre appétit, notre poids corporel, et la façon dont notre corps stocke et utilise l'énergie. Elles peuvent influencer nos habitudes alimentaires de diverses manières, en affectant non seulement notre faim et notre satiété mais aussi nos envies alimentaires.

Comprendre les hormones

Avant d'aborder les changements hormonaux liés à la ménopause, il est crucial de comprendre le rôle et l'équilibre des hormones dans le corps féminin pendant les années de reproduction. Les hormones, en particulier l'estrogène et la progestérone, jouent un rôle central dans la régulation du cycle menstruel, la fertilité, et maintiennent également divers aspects de la santé générale, comme la densité osseuse, la santé cardiovasculaire, et l'équilibre émotionnel.

L'estrogène, produit principalement par les ovaires, influence de nombreux tissus dans le corps, y compris le cerveau, le cœur, les os, et les organes reproducteurs. Il régule le cycle menstruel, favorise le développement des caractéristiques sexuelles secondaires féminines et soutient la fertilité. La progestérone, produite après l'ovulation, prépare l'utérus à une éventuelle grossesse et soutient le début de celle-ci.

Ghréline et leptine : régulation de l'appétit

Ghréline : Souvent appelée l'hormone de la faim, la ghréline est sécrétée par l'estomac et signale au cerveau qu'il est temps de manger. Son niveau augmente avant les repas et diminue après.

Leptine : Produite par les cellules adipeuses, la leptine communique avec l'hypothalamus dans le cerveau pour indiquer la satiété et réduire l'appétit. Un déséquilibre dans ces hormones peut conduire à une augmentation de la faim et à une suralimentation.

Insuline : gestion du sucre dans le sang

L'insuline, sécrétée par le pancréas, aide à réguler les niveaux de glucose dans le sang en facilitant son stockage dans les cellules sous forme d'énergie. Une alimentation riche en glucides raffinés et en sucre peut entraîner des pics d'insuline, suivis de chutes brusques, affectant l'énergie et l'appétit. À long terme, cela peut conduire à une résistance à l'insuline, un précurseur du diabète de type 2.

Cortisol : réponse au stress

Connu comme l'hormone du stress, le cortisol influence également l'appétit et le métabolisme. En période de stress prolongé, des niveaux élevés de cortisol peuvent promouvoir le stockage de graisse, en particulier autour de l'abdomen, et augmenter les envies d'aliments riches en graisses et en sucre.

Œstrogènes et progestérone : le métabolisme et le poids

Les fluctuations des hormones sexuelles, notamment les œstrogènes et la progestérone, peuvent influencer l'appétit, le métabolisme et la répartition des graisses dans le corps. Certaines femmes peuvent éprouver des changements dans leurs habitudes alimentaires et une prise de poids pendant la ménopause, lorsque ces hormones subissent des fluctuations significatives.

Thyroïde : métabolisme

Les hormones thyroïdiennes régulent le métabolisme. Un déséquilibre, comme dans l'hypothyroïdie (faible niveau d'hormones thyroïdiennes), peut ralentir le métabolisme, conduisant à un gain de poids et à des difficultés à perdre du poids malgré une alimentation équilibrée.

La ménopause entraîne un bouleversement hormonal significatif qui affecte non seulement l'équilibre physique et émotionnel d'une femme, mais aussi son métabolisme et ses préférences alimentaires. La baisse des hormones, en particulier des œstrogènes, peut influencer l'appétit, le métabolisme et la répartition des graisses dans le corps.

Cela se traduit souvent par une tendance à prendre du poids plus facilement, un changement dans les envies alimentaires et parfois une augmentation de la résistance à l'insuline. Ces changements nécessitent une adaptation de l'alimentation, mettant l'accent sur des aliments riches en nutriments, faibles en calories vides et en sucre, et des portions contrôlées pour maintenir un poids sain.

Comprendre les changements hormonaux

L'impact hormonal sur l'alimentation pendant la ménopause est un sujet complexe, nécessitant une compréhension approfondie de la façon dont les changements hormonaux influencent le corps.

La ménopause survient lorsque les ovaires cessent progressivement de produire des hormones, notamment l'estrogène et la progestérone. Cette transition n'est pas instantanée mais se déroule sur plusieurs années, connues sous le nom de périménopause. Durant cette période, les niveaux hormonaux fluctuent considérablement, conduisant à une variété de symptômes.

La diminution de l'estrogène est particulièrement significative. Elle est responsable de la plupart des symptômes associés à la ménopause, tels que les bouffées de chaleur, les troubles du sommeil, et les changements d'humeur. La baisse de la progestérone, quant à elle, affecte le cycle menstruel, qui devient irrégulier avant de cesser complètement. Ensemble, ces changements hormonaux marquent la fin de la fertilité et le début d'une nouvelle phase de la vie.

Voici un aperçu plus détaillé :

Changement dans le métabolisme

La diminution des œstrogènes peut ralentir le métabolisme, rendant plus difficile la gestion du poids. Ceci nécessite souvent un ajustement des apports caloriques et une augmentation de l'activité physique pour maintenir un équilibre énergétique sain.

Redistribution de la graisse corporelle

Les changements hormonaux peuvent entraîner une tendance à stocker la graisse autour de l'abdomen plutôt que sur les hanches et les cuisses. Cela souligne l'importance d'une alimentation faible en graisses saturées et en sucres raffinés.

Fluctuations de l'appétit et des envies

Les variations hormonales peuvent affecter les niveaux de leptine et de ghréline, les hormones régulant la faim et la satiété. Les femmes peuvent remarquer des changements dans leurs envies alimentaires et doivent être attentives à choisir des aliments nutritifs.

Gestion du sucre dans le sang

La résistance à l'insuline peut augmenter pendant la ménopause, rendant important le contrôle de la consommation de glucides et la sélection de glucides complexes à faible indice glycémique.

Besoins accrus en certains nutriments

La ménopause peut augmenter le besoin en certains nutriments comme le calcium, la vitamine D et le magnésium pour soutenir la santé osseuse, la fonction musculaire et le bien-être général.

Pour naviguer efficacement à travers ces changements, une approche équilibrée de l'alimentation, riche en fruits et légumes, grains entiers, protéines maigres et bonnes graisses, est recommandée. De plus, une consultation avec des professionnels de santé, tels que des nutritionnistes ou des diététiciens, peut fournir des conseils personnalisés adaptés aux besoins individuels.

Symptômes physiques

Les bouffées de chaleur sont parmi les symptômes les plus communs et les plus reconnaissables de la ménopause. Elles se caractérisent par une sensation soudaine de chaleur dans le haut du corps, souvent accompagnée de rougeurs et de transpiration. Bien que la cause exacte des bouffées de chaleur soit inconnue, elles sont étroitement liées à la diminution des niveaux d'estrogène.

La sécheresse vaginale est un autre symptôme fréquent, résultant également de la baisse des niveaux d'estrogène. Cette condition peut rendre les rapports sexuels inconfortables et augmenter le risque d'infections urinaires. Les troubles du sommeil sont également courants, avec des difficultés à s'endormir, à rester endormi, ou à obtenir un sommeil réparateur.

Conséquences psychologiques

Les changements hormonaux peuvent également affecter l'humeur et la santé mentale. Les fluctuations de l'estrogène peuvent entraîner des changements d'humeur, de l'anxiété, et des épisodes de dépression. De nombreuses femmes signalent une augmentation de la sensibilité émotionnelle, une diminution de la concentration, et une mémoire moins aiguë.

Impact sur la santé à long terme

Au-delà des symptômes immédiats, la baisse des niveaux d'estrogène associée à la ménopause peut avoir un impact significatif sur la santé à long terme. Elle augmente le risque d'ostéoporose, une maladie qui rend les os plus fragiles et plus susceptibles de se fracturer. Le risque de maladies cardiovasculaires augmente également, en partie à cause des changements dans la composition corporelle et le métabolisme des lipides.

Les changements de style de vie, comme une alimentation équilibrée, une activité physique régulière, et la pratique de techniques de relaxation, jouent un rôle crucial dans la gestion des symptômes. Le soutien psychologique, que ce soit par le biais de la thérapie, des groupes de soutien, ou du soutien familial et amical, est également essentiel.

L'Impact de la nutrition sur les symptômes de la ménopause

Divers symptômes avant, pendant et après la ménopause peuvent affecter considérablement la qualité de vie. Ces symptômes incluent, sans s'y limiter, les bouffées de chaleur, les troubles du sommeil, les variations de poids, l'irritabilité et les changements d'humeur. Alors que ces manifestations sont largement dues à des fluctuations hormonales, la nutrition peut jouer un rôle clé dans leur gestion.

Equilibre hormonal et nutrition

Les aliments que nous consommons peuvent influencer notre équilibre hormonal. Certains aliments, tels que ceux riches en phytoœstrogènes (comme les graines de lin, le soja, et certaines légumineuses), peuvent aider à moduler les niveaux d'estrogène dans le corps et atténuer les symptômes tels que les bouffées de chaleur et les troubles du sommeil.

Gestion du poids

La prise de poids est commune durant la ménopause, en partie due à un ralentissement du métabolisme. Adopter une alimentation riche en fruits, légumes, protéines maigres et grains entiers, tout en limitant les sucres ajoutés et les graisses saturées, peut aider à réguler le poids corporel et à réduire le risque de développer des maladies chroniques.

Santé cardiaque

La diminution des œstrogènes peut affecter la santé cardiovasculaire. Les œstrogènes jouent un rôle protecteur sur les vaisseaux sanguins, et leur baisse peut augmenter le risque de maladies cardiovasculaires. Il est donc important de maintenir une alimentation équilibrée, riche en fruits, légumes, grains entiers et acides gras oméga-3, et de pratiquer une activité physique régulière pour soutenir la santé du cœur.

Santé osseuse

La diminution des niveaux d'estrogène pendant la ménopause augmente le risque d'ostéoporose. Une alimentation riche en calcium et en vitamine D est essentielle pour maintenir la santé osseuse. Les produits laitiers, les légumes à feuilles vertes, et les poissons gras sont d'excellentes sources de ces nutriments.

Bien-être mental

Les fluctuations hormonales peuvent également affecter l'humeur et le bien-être mental. Les aliments riches en acides gras oméga-3, tels que les poissons gras, les noix et les graines, peuvent améliorer l'humeur et réduire les risques de dépression. De plus, une alimentation équilibrée soutient la santé générale du cerveau et peut contribuer à une meilleure qualité de sommeil.

Hydratation

L'hydratation joue un rôle crucial dans la gestion des symptômes de la ménopause. Boire suffisamment d'eau peut aider à réduire les bouffées de chaleur et favoriser une bonne digestion.

En résumé, bien que la ménopause soit une étape naturelle de la vie, les choix alimentaires peuvent avoir un impact significatif sur la manière dont les femmes traversent cette période. Une approche holistique, associant une alimentation équilibrée à une activité physique régulière et à un sommeil suffisant, peut offrir un soutien essentiel pour gérer les symptômes de la ménopause et maintenir une qualité de vie optimale.

Pour une femme en pleine transition, qu'est-ce que c'est ?

Une alimentation équilibrée est un régime alimentaire qui apporte à l'organisme tous les nutriments dont il a besoin pour fonctionner correctement, en quantités adéquates. Elle doit être variée pour couvrir l'ensemble des besoins nutritionnels, sans excès ni carence, et adaptée à l'âge, au sexe, au niveau d'activité physique, ainsi qu'aux conditions de santé spécifiques de chaque individu.

Pour une femme en pleine transition ménopausique qui se sent perdue et cherche à établir l'alimentation la plus équilibrée pour elle, plusieurs démarches peuvent l'aider à naviguer vers un régime alimentaire adapté et réconfortant. Voici un plan en étapes pour retrouver des repères dans ses habitudes de vie et adopter une alimentation équilibrée :

Evaluation de l'alimentation actuelle

Journal alimentaire : Commencer par tenir un journal alimentaire pendant quelques semaines pour identifier les habitudes alimentaires actuelles, les lacunes nutritionnelles, et les moments de la journée où l'envie de manger est la plus forte ou les choix ne sont pas optimaux.

Consultation d'un professionnel de santé

Nutritionniste ou diététicien : Consulter un professionnel spécialisé en nutrition peut apporter une aide précieuse. Il pourra évaluer les besoins nutritionnels spécifiques basés sur l'âge, le poids, le niveau d'activité physique et d'autres facteurs de santé, et proposer un plan alimentaire personnalisé.

Adaptation progressive

Petits changements : Introduire de petits changements dans l'alimentation plutôt que de réviser complètement les habitudes d'un coup. Par exemple, augmenter progressivement la consommation de fruits et légumes, remplacer les grains raffinés par des grains entiers, et intégrer des sources de protéines maigres et de bonnes graisses.

Ecoute du corps

Réponses individuelles : Être attentive aux réactions du corps à certains aliments ou modifications alimentaires. Certaines femmes peuvent constater que des aliments spécifiques aggravent les symptômes de la ménopause comme les bouffées de chaleur, tandis que d'autres peuvent être bénéfiques.

Planification des repas

Organisation : Planifier les repas et les collations à l'avance peut aider à maintenir une alimentation équilibrée et éviter les choix impulsifs d'aliments moins sains. Cela inclut la préparation de listes de courses qui reflètent les besoins nutritionnels identifiés.

Soutien social

Partage d'expériences : Rechercher le soutien d'amis, de la famille ou de groupes de soutien pour les femmes en ménopause. Partager des recettes, des conseils et des expériences peut encourager et motiver.

Activité physique régulière

Complément à l'alimentation : Bien que centrée sur l'alimentation, l'intégration d'une activité physique régulière soutient le bien-être général et peut aider à gérer le poids et les symptômes de la ménopause.

Chaque femme vit la ménopause différemment, et il n'y a pas de solution unique pour gérer les changements qu'elle apporte. S'adapter à une alimentation équilibrée demande du temps, de la patience et parfois des ajustements basés sur les réactions individuelles. L'accompagnement par un professionnel de santé, l'éducation nutritionnelle, l'écoute de son corps et le soutien social sont des clés pour retrouver des repères dans ses habitudes de vie et adopter un régime alimentaire qui contribue positivement à cette phase de transition.

Mythes et réalités de la nutrition ménopausique

La nutrition pendant la ménopause est un sujet entouré de nombreux mythes. Démêler le vrai du faux est crucial pour adopter une alimentation qui soutient réellement la santé pendant cette phase de la vie.

Mythe 1 : « Pendant la ménopause, il est inévitable de prendre du poids. »

Réalité : Bien que la ménopause soit associée à des changements hormonaux qui peuvent ralentir le métabolisme, la prise de poids n'est pas inévitable. Avec une alimentation équilibrée, riche en nutriments et un exercice physique régulier, il est tout à fait possible de maintenir un poids stable. Il est important de surveiller les portions, de choisir des aliments riches en fibres et en protéines maigres, et de limiter les sucres raffinés et les graisses saturées.

Mythe 2 : « Les suppléments peuvent remplacer une alimentation équilibrée. »

Réalité : Les suppléments peuvent être utiles pour combler certaines carences, mais ils ne doivent pas remplacer une alimentation équilibrée. Les nutriments obtenus à partir d'aliments entiers sont mieux absorbés par le corps. Par exemple, le calcium est mieux assimilé lorsqu'il est consommé avec des aliments riches en vitamine D, comme les poissons gras ou les produits laitiers enrichis. Une alimentation variée reste la meilleure source de nutriments.

Mythe 3 : « Tous les produits laitiers sont mauvais pour la ménopause. »

Réalité : Les produits laitiers ne sont pas nécessairement mauvais pour les femmes ménopausées. En fait, ils sont une excellente source de calcium, essentiel pour prévenir l'ostéoporose, un risque accru après la ménopause. Cependant, il est préférable de choisir des produits laitiers faibles en matières grasses pour éviter un excès de graisses saturées.

Mythe 4 : « Les phytoœstrogènes sont dangereux pour les femmes ménopausées. »

Réalité : Les phytoœstrogènes, présents dans des aliments comme le soja, peuvent en fait aider à atténuer certains symptômes de la ménopause, comme les bouffées de chaleur. Ils agissent comme des modulateurs doux des œstrogènes dans le corps. Toutefois, leur consommation doit être équilibrée et intégrée dans un régime globalement sain.

Mythe 5 : « Il faut éliminer toutes les graisses de son alimentation. »

Réalité : Les graisses sont essentielles à une alimentation équilibrée, même pendant la ménopause. Ce qui est important, c'est de choisir les bonnes graisses. Les graisses insaturées, comme celles présentes dans l'huile d'olive, les avocats et les noix, sont bénéfiques pour la santé cardiovasculaire. En revanche, les graisses saturées et trans, trouvées dans les aliments transformés et frits, doivent être limitées.

Mythe 6 : « Les glucides font grossir, il faut les éviter. »

Réalité : Les glucides, en particulier les glucides complexes comme ceux trouvés dans les grains entiers, les légumineuses et les légumes, sont une source importante d'énergie. Ils sont également riches en fibres, ce qui aide à la digestion et à la stabilisation de la glycémie. Ce sont les glucides simples et raffinés, comme ceux présents dans les bonbons et les pâtisseries, qui doivent être consommés avec modération.

Mythe 7 : « Les besoins en calories diminuent drastiquement pendant la ménopause. »

Réalité : Bien que le métabolisme puisse ralentir légèrement, les besoins caloriques ne diminuent pas drastiquement. Il est plus important de se concentrer sur la qualité des calories consommées que sur la quantité. Une alimentation riche en nutriments, mais modérée en calories, est idéale pour maintenir la santé et le poids pendant la ménopause.

Mythe 8 : « L'alcool est un bon moyen de se détendre pendant la ménopause. »

Réalité : L'alcool peut effectivement avoir un effet relaxant temporaire, mais il peut aussi perturber le sommeil et exacerber les bouffées de chaleur. Il est préférable de limiter sa consommation de toute façon, en évitant les alcools forts (le vin rouge est le moins « mauvais ») et de privilégier des méthodes de relaxation dites plus « saines ».

En conclusion, la nutrition pendant la ménopause ne doit pas être perçue comme un ensemble de restrictions sévères, mais plutôt comme une opportunité de redécouvrir une alimentation saine et équilibrée. En se concentrant sur des aliments riches en nutriments, en maintenant un bon équilibre entre les différents groupes alimentaires, et en restant actif, il est possible de naviguer cette période de transition avec vitalité et bien-être.

4. Les bases d'une alimentation appropriée

Conseils pour un métabolisme actif pendant la ménopause

Beaucoup de femmes constatent une tendance à prendre du poids, en particulier autour de l'abdomen, pendant la ménopause. Cette tendance n'est pas uniquement une question d'esthétique mais a également des implications importantes pour la santé, augmentant le risque de développer des maladies cardiaques, du diabète de type 2, et certaines formes de cancer.

Le ralentissement du métabolisme est en partie dû à la perte de masse musculaire qui accompagne le vieillissement, ainsi qu'aux changements hormonaux. Le taux d'œstrogènes diminue, affectant la manière dont le corps stocke la graisse et gère les calories. Cependant, il est important de noter que la prise de poids n'est pas inévitable. Avec des stratégies et des ajustements ciblés dans l'alimentation, l'exercice physique et le mode de vie, il est possible de gérer efficacement le poids et de soutenir un métabolisme sain pendant la ménopause et au-delà.

Augmenter l'apport en protéines

Les protéines jouent un rôle crucial dans la construction et le maintien de la masse musculaire, qui est essentielle pour un métabolisme actif. Avec l'âge, la masse musculaire tend à diminuer, ralentissant ainsi le métabolisme. En augmentant l'apport en protéines à travers des sources telles que la viande maigre, le poisson, les légumineuses, les noix et les produits laitiers, vous pouvez aider à prévenir la perte de masse musculaire et maintenir votre métabolisme.

Pratiquer la musculation

L'activité physique régulière, en particulier la musculation, peut augmenter la masse musculaire et, par conséquent, stimuler le métabolisme. Viser au moins deux séances de musculation par semaine, en se concentrant sur les principaux groupes musculaires. Des exercices comme les squats, les soulevés de terre et les presses peuvent être particulièrement bénéfiques.

Boire suffisamment d'eau

L'hydratation joue un rôle important dans le fonctionnement optimal du métabolisme. Boire suffisamment d'eau tout au long de la journée peut augmenter la dépense énergétique au repos, même si l'effet est modeste. Viser au moins 8 verres d'eau par jour, ou plus si vous êtes actif ou qu'il fait chaud.

Consommer des aliments entiers

Les aliments entiers, riches en fibres, comme les fruits, les légumes, les grains entiers et les légumineuses, exigent plus d'énergie pour être digérés. Ce processus peut légèrement augmenter votre métabolisme. De plus, ces aliments contribuent à une sensation de satiété plus durable, aidant ainsi à contrôler l'apport calorique.

Gérer le stress et favoriser le sommeil

Le stress et le manque de sommeil peuvent affecter négativement les hormones régulant l'appétit, conduisant à une augmentation de la faim et à une accumulation de graisse corporelle. Pratiquer des activités relaxantes, comme le yoga, la méditation ou la lecture, et viser 7 à 8 heures de sommeil par nuit peut aider à réguler ces hormones et soutenir un métabolisme sain.

Fractionner les repas

Plutôt que de manger de gros repas, répartir l'apport alimentaire en plusieurs petits repas tout au long de la journée peut aider à maintenir un métabolisme actif. Cette approche peut également aider à prévenir les pics de faim et à réguler les niveaux de sucre dans le sang.

Maintenir un métabolisme actif pendant la ménopause peut être un défi, mais avec les bonnes stratégies, c'est un objectif atteignable. En combinant une alimentation saine riche en protéines et en fibres, une activité physique régulière, une hydratation adéquate, un sommeil suffisant et une bonne gestion du stress, vous pouvez soutenir votre métabolisme et contribuer à une meilleure gestion du poids pendant cette transition. Comme toujours, il est recommandé de consulter un professionnel de la santé ou un nutritionniste pour des conseils personnalisés adaptés à vos besoins spécifiques.

Hydratation et santé

L'eau est essentielle à de nombreux processus dans le corps, y compris la régulation de la température corporelle, le maintien de la santé de la peau, la digestion et l'élimination des déchets. Pendant la ménopause, les changements hormonaux peuvent affecter l'hydratation et la santé de différentes manières.

Gestion des bouffées de chaleur

Les bouffées de chaleur sont l'un des symptômes les plus communs et inconfortables de la ménopause. Bien que l'hydratation seule ne puisse pas prévenir les bouffées de chaleur, boire de l'eau peut aider à gérer leur intensité et leur fréquence. Boire un verre d'eau froide au début d'une bouffée de chaleur peut aider à diminuer la sensation de chaleur.

Santé de la peau

La ménopause peut entraîner une diminution de la production de collagène, rendant la peau plus sèche et moins élastique. Une hydratation adéquate aide à maintenir la peau hydratée de l'intérieur, soutenant son élasticité et sa santé globale.

Soutien digestif

Les changements hormonaux pendant la ménopause peuvent également affecter le système digestif, conduisant parfois à une augmentation de la constipation. Boire suffisamment d'eau favorise un bon fonctionnement digestif et peut aider à prévenir la constipation.

Prévention des infections urinaires

Les femmes sont plus susceptibles de développer des infections urinaires pendant et après la ménopause, en partie à cause de l'amincissement des tissus de la vessie et de l'urètre. Une hydratation adéquate peut aider à réduire ce risque en favorisant la fréquence urinaire, ce qui aide à éliminer les bactéries de l'appareil urinaire. L'importance de l'hydratation est souvent sous-estimée, mais elle joue un rôle central dans la gestion des symptômes de la ménopause et le maintien de la santé.

Poids et métabolisme

L'eau peut jouer un rôle dans la gestion du poids et le métabolisme. Boire de l'eau avant les repas peut contribuer à une sensation de satiété, potentiellement aidant à contrôler l'apport calorique. De plus, une hydratation adéquate soutient le métabolisme et l'énergie.

Conseils pour une hydratation adéquate

- Viser 8-10 verres d'eau par jour, ajustant en fonction de l'activité physique et du climat.

- Inclure des aliments riches en eau dans l'alimentation, tels que les fruits et légumes frais.

- Limiter la consommation de boissons diurétiques, comme la caféine et l'alcool, qui peuvent augmenter la déshydratation.

- Varier les sources d'hydratation avec des tisanes et des eaux infusées pour plus de variété.

L'hydratation est un pilier essentiel de la santé pendant la ménopause. En maintenant une hydratation adéquate, il est possible de soutenir le bien-être général, de gérer les symptômes de la ménopause plus efficacement et de promouvoir la santé à long terme. Comme toujours, il est recommandé de consulter un professionnel de la santé pour des conseils personnalisés adaptés à vos besoins spécifiques.

Macronutriments et micronutriments clefs

Les macronutriments

Protéines

Les protéines sont fondamentales pour la santé musculaire, la réparation des tissus et le fonctionnement du système immunitaire. Pendant la ménopause, l'importance des protéines s'accroît en raison du risque accru de perte de masse musculaire et d'ostéoporose. Une consommation adéquate de protéines aide à maintenir la masse musculaire et soutient la santé des os. Les sources de protéines peuvent être animales (comme la viande, le poisson, les œufs et les produits laitiers) ou végétales (comme les légumineuses, les noix, les graines et les produits à base de soja).

Glucides

Les glucides fournissent l'énergie nécessaire au fonctionnement de l'organisme. Pendant la ménopause, il est essentiel de choisir des glucides complexes, tels que les grains entiers, les légumes et les fruits, qui fournissent des fibres, des vitamines et des minéraux. Les fibres, en particulier, peuvent aider à gérer le poids, réduire les risques de maladies cardiaques et maintenir la santé digestive. Il est conseillé de limiter la consommation de glucides simples, comme le sucre et les aliments raffinés, qui peuvent entraîner des pics de glycémie et contribuer à la prise de poids.

Lipides

Les lipides (ou matières grasses) sont essentiels pour l'absorption
des vitamines liposolubles (A, D, E et K) et la production
d'hormones. Pendant la ménopause, il est important de privilégier
les graisses saines, comme celles provenant des poissons gras,
de l'huile d'olive, des noix, des graines et des avocats. Ces
sources de graisses insaturées peuvent aider à réduire le risque de
maladies cardiovasculaires et à maintenir les fonctions
cérébrales. Il est recommandé de limiter les graisses saturées et
trans, présentes dans les aliments transformés et certaines
viandes, qui peuvent augmenter le risque de maladies cardiaques.

Une alimentation équilibrée, riche en macronutriments de qualité,
joue un rôle essentiel dans la gestion des symptômes de la
ménopause et le soutien de la santé globale. En mettant l'accent
sur les protéines pour le maintien de la masse musculaire, les
glucides complexes pour une énergie durable et les lipides sains
pour le soutien hormonal et cardiovasculaire, les femmes peuvent
mieux naviguer à travers les défis de la ménopause. Il est toujours
recommandé de consulter un professionnel de la santé ou un
nutritionniste pour élaborer un plan alimentaire personnalisé qui
tient compte des besoins individuels et des conditions de santé.

Les micronutriments clés

Calcium et Vitamine D

Le calcium est essentiel pour la santé osseuse, tandis que la
vitamine D est nécessaire pour l'absorption du calcium par
l'organisme. Avec l'augmentation du risque d'ostéoporose
pendant la ménopause, ces deux nutriments deviennent

particulièrement importants. Les sources alimentaires de calcium incluent les produits laitiers, les légumes à feuilles vertes (comme le brocoli et le chou frisé), et les aliments fortifiés. La vitamine D peut être obtenue à partir de l'exposition au soleil, ainsi que d'aliments tels que le poisson gras, les œufs et les produits fortifiés.

Fer

Le besoin en fer peut changer après la ménopause, car les menstruations cessent. Cependant, le fer reste un élément important pour prévenir l'anémie et soutenir la production de globules rouges. Les sources de fer incluent la viande rouge, la volaille, le poisson, les légumineuses, les noix et les grains entiers. Pour les femmes végétariennes ou souhaitant limiter leur consommation de viande, il est important de combiner des sources de fer non-hémique (végétales) avec de la vitamine C pour améliorer l'absorption.

Vitamines du groupe b

Les vitamines B, notamment B6, B12 et l'acide folique, sont essentielles pour maintenir l'énergie et la santé nerveuse. Elles jouent un rôle dans le métabolisme et peuvent aider à gérer le stress et les sautes d'humeur, fréquents pendant la ménopause. Les aliments riches en vitamines B comprennent les grains entiers, les légumineuses, les œufs, le poisson, la viande, le lait et les légumes à feuilles vertes.

Magnésium

Le magnésium contribue à la santé musculaire et nerveuse, au
métabolisme énergétique et à la régulation du taux de sucre dans
le sang. Il peut également soutenir le sommeil et la relaxation. Les
sources de magnésium incluent les noix, les graines, les légumes
à feuilles vertes, le chocolat noir et les grains entiers.

Antioxydants (Vitamines C et E, Sélénium)

Les antioxydants jouent un rôle clé dans la lutte contre les
dommages causés par les radicaux libres, contribuant à la santé
de la peau et au système immunitaire. La vitamine C, trouvée dans
les fruits et légumes, aide également à l'absorption du fer. La
vitamine E et le sélénium, présents dans les noix, les graines et les
huiles végétales, peuvent soutenir la santé cardiaque.

Une alimentation riche en micronutriments clés est cruciale pour
gérer les symptômes de la ménopause et maintenir une santé
optimale. Il est important d'adopter une alimentation variée, qui
inclut une large gamme de fruits, légumes, grains entiers et
sources de protéines, pour couvrir les besoins en
micronutriments. Consulter un professionnel de santé ou un
nutritionniste peut aider à élaborer un plan alimentaire
personnalisé, assurant un apport adéquat en ces nutriments
essentiels.

Les superaliments pour la ménopause

L'objectif de ce chapitre est de fournir des directives claires sur les aliments à privilégier pour soutenir le bien-être pendant la ménopause, ainsi que ceux à limiter ou éviter en raison de leur potentiel à aggraver les symptômes ou à compromettre la santé générale. Comprendre le rôle que jouent certains aliments et nutriments peut équiper les femmes avec les connaissances nécessaires pour faire des choix alimentaires qui soutiennent leur corps pendant cette période de changement.

Aliments à privilégier pendant la ménopause

Certains aliments contiennent des nutriments essentiels qui peuvent aider à atténuer les symptômes communs et promouvoir une bonne santé. Voici les groupes d'aliments à privilégier :

Aliments riches en phytœstrogènes

Les phytœstrogènes sont des composés végétaux qui peuvent imiter l'effet des œstrogènes dans le corps et aider à équilibrer les hormones. Bien que leur efficacité puisse varier d'une personne à l'autre, ils sont considérés comme bénéfiques pour certaines femmes pendant la ménopause.

- Soja et produits à base de soja : Tofu, tempeh, lait de soja, et edamame sont de bonnes sources.

- Graines de lin : Riches en lignanes, qui sont un type de phytoœstrogène.

- Légumineuses : Lentilles, pois chiches et haricots contiennent également des phytoœstrogènes.

Fruits et légumes

Riches en vitamines, minéraux, fibres et antioxydants, les fruits et légumes devraient constituer la base de l'alimentation. Ils peuvent aider à réduire le risque de maladies chroniques et soutenir la gestion du poids.

- Légumes crucifères : Brocoli, chou-fleur et choux de Bruxelles sont excellents pour la santé hormonale.

- Fruits rouges : Fraises, framboises et myrtilles sont riches en antioxydants.

- Légumes à feuilles vertes : Épinards, chou frisé et feuilles de moutarde fournissent calcium, magnésium et fer.

Grains entiers

Les grains entiers fournissent des fibres, des vitamines B et des minéraux essentiels. Ils peuvent aider à améliorer la santé cardiovasculaire, à gérer le poids et à soutenir la digestion.

Quinoa, avoine, riz brun, et orge sont d'excellents choix pour intégrer dans l'alimentation.

Protéines de haute qualité

Une consommation adéquate de protéines est essentielle pour maintenir la masse musculaire, qui tend à diminuer avec l'âge.

- Poissons gras : Saumon, sardines et maquereau sont riches en acides gras oméga-3 bénéfiques pour le cœur.

- Viandes maigres et volailles : Pour les protéines sans l'excès de graisses saturées.

- Protéines végétales : Légumineuses, noix et graines sont d'excellentes alternatives pour ceux qui suivent un régime végétarien ou végétalien.

Graisses saines

Les graisses jouent un rôle important dans la santé hormonale et cardiovasculaire. Choisir des sources de graisses saines peut aider à réduire le risque de maladies cardiaques.

- Huiles végétales : Olive, avocat et lin.

- Noix et graines : Amandes, noix, graines de chia et de lin.

- Avocats : Source de graisses monoinsaturées et de fibres.

Adopter une alimentation riche en ces groupes d'aliments peut aider à gérer les symptômes de la ménopause et à soutenir une bonne santé à long terme. Il est important de se rappeler que chaque femme est unique ; ce qui fonctionne pour une personne peut ne pas fonctionner pour une autre. L'expérimentation et l'ajustement des choix alimentaires en fonction de la façon dont votre corps réagit est clé. Une approche équilibrée, combinant ces aliments avec une hydratation adéquate, un sommeil suffisant et une activité physique régulière, offre la meilleure stratégie pour naviguer à travers la ménopause avec bien-être.

Aliments à éviter pendant la ménopause

Pendant la ménopause, le corps subit d'importantes fluctuations hormonales qui peuvent influencer de nombreux aspects de la santé. Certains aliments peuvent aggraver les symptômes de la ménopause ou contribuer à des risques de santé à long terme. Voici une liste des principales catégories d'aliments à éviter ou à consommer avec modération :

Aliments et boissons à haute teneur en sucre

Les aliments riches en sucres ajoutés peuvent entraîner des fluctuations du taux de sucre dans le sang, contribuant à l'irritabilité, à la fatigue et aux envies de sucre. De plus, ils peuvent favoriser la prise de poids et augmenter le risque de maladies chroniques.

- Boissons sucrées : Sodas, jus de fruits concentrés et boissons énergisantes.

- Confiseries et pâtisseries : Bonbons, gâteaux, biscuits et autres douceurs riches en sucres ajoutés.

Aliments très transformés

Les aliments hautement transformés sont souvent riches en graisses saturées, en sel et en additifs, tout en étant pauvres en nutriments essentiels. Leur consommation peut augmenter le risque de maladies cardiaques, de prise de poids et d'inflammation.

- Snacks emballés : Chips, biscuits apéritifs et barres chocolatées.

- Plats préparés : Repas surgelés riches en sodium et additifs.

Caféine et alcool

La caféine et l'alcool peuvent affecter le sommeil et aggraver les bouffées de chaleur chez certaines femmes. Bien que la sensibilité varie, réduire leur consommation peut aider à améliorer la qualité du sommeil et à réduire les symptômes de la ménopause.

- Café, thé noir et boissons énergétiques pour la caféine.

- Boissons alcoolisées, en particulier en excès.

Aliments épicés

Les aliments très épicés peuvent déclencher ou aggraver les bouffées de chaleur chez certaines femmes. Si vous remarquez une corrélation entre votre consommation d'aliments épicés et les symptômes de la ménopause, il peut être judicieux de les éviter.

Graisses saturées et trans

Une consommation élevée de graisses saturées et trans peut augmenter le risque de maladies cardiaques, en particulier important à surveiller pendant la ménopause, période où le risque cardiovasculaire peut augmenter.

- Viandes grasses et charcuteries pour les graisses saturées.

- Aliments frits et certaines margarines pour les graisses trans.

Adopter une approche sélective en matière d'alimentation pendant la ménopause peut aider à minimiser les symptômes et à soutenir une transition plus douce vers cette nouvelle phase de la vie. Il est essentiel de privilégier une alimentation riche en aliments entiers et nutritifs, tout en limitant les aliments qui peuvent exacerber les symptômes ou augmenter les risques pour la santé. Comme pour toute modification de l'alimentation, écouter son corps et ajuster en fonction de ses réactions est crucial pour trouver l'équilibre qui fonctionne pour chaque individu.

Les super-aliments en détail

Durant la ménopause, le corps d'une femme connaît de nombreux changements qui peuvent être soutenus par une alimentation ciblée. Certains aliments, grâce à leur densité nutritionnelle et à leurs propriétés bénéfiques, se distinguent comme particulièrement utiles. Voici une liste des superaliments recommandés pour la ménopause :

Soja et produits à base de soja

Riche en isoflavones, un type de phytoœstrogène, le soja peut aider à équilibrer les niveaux d'hormones et à réduire les bouffées de chaleur. Les produits à base de soja, tels que le tofu, le tempeh, et le lait de soja, peuvent être intégrés à l'alimentation de manière versatile.

Graines de lin

Les graines de lin sont une autre excellente source de lignanes, un
phytoœstrogène qui peut aider à gérer les symptômes hormonaux
de la ménopause. Elles sont également riches en acides gras
oméga-3 et fibres.

Baies

Les fraises, les myrtilles, les framboises et les mûres sont pleines
d'antioxydants, de vitamines et de minéraux. Les antioxydants
peuvent aider à combattre les dommages causés par les radicaux
libres, soutenant ainsi la santé cellulaire et réduisant le risque de
maladies.

Poissons gras

Les poissons gras, tels que le saumon, les sardines et le
maquereau, sont riches en acides gras oméga-3, bénéfiques pour
la santé cardiaque. Ils peuvent également contribuer à la
réduction de l'inflammation dans le corps.

Légumes à feuilles vertes

Le chou frisé, les épinards, et les feuilles de moutarde sont riches
en calcium, en magnésium, et en vitamines A, C, E et K. Ces
nutriments soutiennent la santé osseuse, la fonction immunitaire
et offrent des avantages anti-inflammatoires.

Noix et graines

Les amandes, les noix et les graines de chia sont non seulement
de bonnes sources de protéines végétales et de fibres, mais elles
fournissent également des acides gras essentiels, du calcium et
du magnésium.

Thé vert

Le thé vert est riche en antioxydants, notamment les catéchines,
qui peuvent soutenir la santé du cœur et aider à la gestion du
poids. Sa consommation modérée peut également contribuer à
une bonne hydratation.

L'inclusion de ces superaliments dans l'alimentation peut offrir un
soutien nutritionnel significatif pour les femmes traversant la
ménopause. Ils aident non seulement à gérer les symptômes
associés à cette phase de la vie, mais contribuent également à la
prévention des maladies chroniques. Il est cependant essentiel de
maintenir une alimentation équilibrée et diversifiée, en veillant à
inclure une variété d'aliments pour couvrir tous les besoins
nutritionnels. Comme toujours, il est conseillé de consulter un
professionnel de la santé ou un nutritionniste pour des
recommandations alimentaires personnalisées adaptées à votre
situation et à vos besoins de santé spécifiques.

5. Gérer son bien-être par l'alimentation

De l'équilibre émotionnel

Alors que l'attention est souvent portée sur les symptômes physiques de la ménopause, comme les bouffées de chaleur et les troubles du sommeil, l'impact sur le bien-être émotionnel et mental peut également être profond. Le stress, l'anxiété, les sautes d'humeur et les changements dans l'image de soi sont des défis courants pendant cette période de transition. Dans ce contexte, la promotion du bien-être et la pratique régulière de la relaxation deviennent cruciales pour maintenir la qualité de vie à travers les défis de la ménopause avec grâce et résilience.

Reconnaître et adresser les besoins en bien-être mental et émotionnel est essentiel pour un passage plus harmonieux à travers cette phase de la vie. En adoptant des pratiques de bien-être et de relaxation, il est possible de réduire le stress, d'améliorer l'humeur, de favoriser un sommeil de qualité et de renforcer le sentiment de bien-être général.

Le bien-être et la relaxation pendant la ménopause ne concernent pas uniquement la gestion des symptômes, mais aussi l'embrassement d'une période de croissance et de renouveau. C'est une opportunité pour les femmes de se reconnecter avec elles-mêmes, d'explorer de nouvelles passions et de redéfinir ce que signifie vivre pleinement. En se donnant la permission de prioriser le bien-être et en découvrant les pratiques de relaxation qui fonctionnent le mieux pour elles, les femmes peuvent transformer l'expérience de la ménopause en une période de vitalité et de bien-être.

Les aliments pour l'équilibre émotionnel

Durant la ménopause, les fluctuations hormonales peuvent entraîner des changements d'humeur et affecter l'équilibre émotionnel. En plus des stratégies de gestion du stress et de relaxation, l'alimentation peut jouer un rôle prépondérant dans le soutien de l'humeur et le bien-être mental. Certains aliments et nutriments sont particulièrement bénéfiques pour favoriser un état d'esprit positif et une bonne santé mentale.

Aliments riches en oméga-3

Les acides gras oméga-3, trouvés dans le poisson gras comme le saumon, les sardines et le maquereau, ainsi que dans les graines de lin et les noix, sont cruciaux pour la santé cérébrale. Ils peuvent contribuer à réduire les symptômes de dépression et à améliorer l'humeur en soutenant la fonction neuronale et en réduisant l'inflammation.

Aliments à index glycémique bas

Les aliments à index glycémique bas libèrent le glucose dans le sang de manière plus lente et stable, ce qui peut aider à maintenir des niveaux d'énergie constants et éviter les pics et les chutes de sucre qui peuvent affecter l'humeur. Les grains entiers, les légumes, les fruits entiers et les légumineuses sont d'excellentes options.

Sources de magnésium

Le magnésium, un minéral vital pour la relaxation et la gestion du stress, peut aider à améliorer la qualité du sommeil et à réduire les symptômes de l'anxiété. Les épinards, les amandes, les noix de cajou, les grains entiers et les légumineuses sont de bonnes sources de magnésium.

Aliments riches en antioxydants

Les fruits et légumes colorés, riches en antioxydants, peuvent aider à combattre le stress oxydatif et soutenir l'humeur positive. Les baies, les carottes, les épinards et les tomates sont quelques exemples d'aliments riches en antioxydants.

Probiotiques et santé intestinale

Il existe une connexion directe entre le système digestif et le cerveau, souvent appelée l'axe intestin-cerveau. Les aliments fermentés comme le yaourt, le kéfir, le kimchi et la choucroute, riches en probiotiques, peuvent soutenir la santé intestinale et, par extension, le bien-être mental.

Vitamines du complexe B

Les vitamines B, en particulier le folate (B9) et la vitamine B12, ont un impact direct sur la production de neurotransmetteurs qui régulent l'humeur, tels que la sérotonine. Les légumes à feuilles vertes, les œufs, les produits laitiers et la viande sont de bonnes sources de ces vitamines.

En intégrant ces aliments et nutriments dans votre alimentation, vous pouvez soutenir votre équilibre émotionnel et votre bien-être mental pendant la ménopause. Une alimentation équilibrée, riche en nutriments essentiels, joue un rôle crucial dans le maintien de l'humeur et la promotion d'une sensation générale de bien-être. Il est important de se rappeler que les stratégies alimentaires doivent être combinées avec d'autres formes de soins de soi, comme l'exercice physique, la relaxation et le soutien social, pour une approche holistique du bien-être pendant la ménopause.

Sexualité et intimité post-ménopause

La ménopause peut apporter des changements qui affectent la sexualité et l'intimité, mais cela ne signifie pas la fin de la vie sexuelle épanouie. La maintenir au top après la ménopause est à la fois un art et une science, impliquant une compréhension du corps, une communication ouverte et une exploration des désirs. En fait, pour de nombreuses femmes, cette période peut marquer un renouveau de l'intimité et du plaisir, libérées des préoccupations de la grossesse et enrichies par une meilleure connaissance de soi.

L'alimentation joue un rôle crucial dans tous les aspects de notre santé, y compris la sexualité et l'intimité, surtout pendant et après la ménopause. Une alimentation équilibrée peut aider à atténuer certains des défis liés à la ménopause qui affectent la vie sexuelle et l'intimité. Voici les bienfaits possibles d'une alimentation soignée sur la sexualité et l'intimité post-ménopause :

Amélioration de la libido

Aliments Riches en Zinc : Les aliments riches en zinc, comme les fruits de mer, les graines de citrouille, et les noix, peuvent contribuer à augmenter la libido. Le zinc joue un rôle dans la régulation des niveaux de testostérone, hormone importante pour le désir sexuel chez les femmes et les hommes.

Lutte contre la sécheresse vaginale

Acides Gras Oméga-3 : Les acides gras oméga-3, présents dans le
poisson gras (comme le saumon et les sardines), les graines de
chia et les noix, peuvent améliorer la lubrification vaginale. Ces
graisses saines aident à maintenir la souplesse des membranes
cellulaires, y compris celles des organes sexuels.

Amélioration de la circulation sanguine

Antioxydants : Les aliments riches en antioxydants, comme les
baies, le chocolat noir, et le vin rouge (avec modération), peuvent
améliorer la circulation sanguine, ce qui est essentiel pour
l'excitation et la réponse sexuelle.

Renforcement de la santé cardiovasculaire

Aliments Pauvres en Graisses Saturées : Une alimentation faible
en graisses saturées et riche en fruits, légumes et grains entiers
favorise la santé cardiovasculaire. Une bonne santé du cœur est
directement liée à une meilleure fonction érectile chez les
hommes et une augmentation de l'excitation sexuelle chez les
femmes.

Equilibre hormonal

Phytoœstrogènes : Les aliments contenant des phytoœstrogènes,
tels que le soja, les graines de lin, et d'autres légumineuses,
peuvent aider à équilibrer les hormones en mimant les effets de
l'estrogène dans le corps. Cela peut être particulièrement

bénéfique pour gérer les symptômes de la ménopause affectant la sexualité et l'intimité.

Réduction du stress et amélioration de l'humeur

Magnésium et Vitamine B : Les aliments riches en magnésium (comme les épinards, les amandes et le chocolat noir) et en vitamines B (comme les avocats, les bananes, et les grains entiers) peuvent aider à réduire le stress et améliorer l'humeur, favorisant ainsi une meilleure expérience sexuelle.

Soutien de la santé mentale

Sélection d'Aliments Entiers : Une alimentation centrée sur des aliments entiers plutôt que transformés peut également soutenir la santé mentale, réduisant les sentiments de dépression et d'anxiété qui peuvent affecter la libido et l'intimité.

La transition vers et après la ménopause est une période de changement significatif qui peut affecter la sexualité et l'intimité. Adopter une alimentation équilibrée, riche en nutriments essentiels, peut jouer un rôle clé dans la gestion des symptômes ménopausiques et la promotion d'une vie sexuelle épanouie. Comme toujours, il est recommandé de consulter un professionnel de la santé pour des conseils personnalisés adaptés à vos besoins spécifiques.

La sexualité et l'intimité après la ménopause continuent d'être des composantes importantes du bien-être et de la qualité de vie. Une vie sexuelle épanouie après la ménopause est tout à fait possible et peut être une source de joie, de satisfaction et d'intimité profonde. Cela demande de l'ouverture, de l'adaptation et une exploration continue des besoins et désirs personnels ainsi que ceux du partenaire.

De la nécessité de bien dormir

Le sommeil est un pilier fondamental de notre santé et de notre bien-être, jouant un rôle crucial dans de nombreux aspects de la santé physique et mentale. Cette importance est encore plus prononcée pendant la ménopause, une période de transition biologique et hormonale significative dans la vie d'une femme. Cet essai explore en profondeur les liens entre le sommeil et la santé globale, en mettant l'accent sur les défis et les besoins uniques associés à la ménopause.

La fonction vitale du sommeil

Le sommeil n'est pas simplement une pause dans nos activités quotidiennes, mais un processus actif essentiel à notre santé. Il joue un rôle clé dans la régénération cellulaire, la consolidation de la mémoire, la régulation hormonale, et le maintien de l'équilibre psychologique. Un sommeil de qualité aide à réguler l'appétit, à maintenir un poids sain, à gérer le stress, et à prévenir les maladies chroniques comme les troubles cardiovasculaires, le diabète et la dépression.

Le sommeil et la ménopause

La ménopause entraîne des fluctuations hormonales significatives, affectant directement la qualité du sommeil. La diminution des niveaux d'œstrogènes et de progestérone peut conduire à des troubles du sommeil, tels que l'insomnie, les réveils nocturnes et la somnolence diurne. Ces perturbations du sommeil peuvent entraîner des répercussions sur la santé physique et mentale, augmentant le risque de maladies cardiovasculaires, d'ostéoporose et d'altération de la fonction cognitive.

Gestion du sommeil pendant la ménopause

Pour gérer ces défis, il est crucial d'adopter de bonnes pratiques de sommeil. Cela inclut le maintien d'un horaire de sommeil régulier, la création d'un environnement propice au sommeil, et la limitation de la consommation de caféine et d'alcool. Des techniques de relaxation, comme le yoga et la méditation, peuvent également aider à améliorer la qualité du sommeil. Dans certains cas, une intervention médicale, comme une thérapie hormonale ou un traitement pour l'apnée du sommeil, peut être nécessaire.

Face aux défis uniques posés par cette période, il est essentiel de reconnaître l'importance d'un sommeil réparateur et de prendre des mesures actives pour l'améliorer. En faisant du sommeil une priorité, les femmes peuvent non seulement naviguer plus facilement à travers la ménopause, mais aussi améliorer significativement leur qualité de vie globale.

Il est évidemment recommandé de consulter son médecin pour approfondir le sujet avec lui lorsque le sommeil est devenu un problème.

Conseils nutritionnels pour un sommeil réparateur

Pendant la ménopause, un sommeil réparateur est essentiel, mais souvent perturbé. L'alimentation joue un rôle crucial dans la qualité du sommeil. Voici quelques conseils nutritionnels :

Favoriser le tryptophane

Le tryptophane est un acide aminé essentiel connu pour son rôle dans la synthèse de la sérotonine, un neurotransmetteur crucial pour la régulation de l'humeur, du sommeil et de l'appétit. Son importance est particulièrement remarquable pendant la ménopause, une période marquée par des changements hormonaux qui peuvent affecter le sommeil et l'humeur. Cet essai explore le rôle du tryptophane pendant la ménopause et les aliments qui en sont riches.

Le Tryptophane et ses Fonctions Le tryptophane est impliqué dans la production de sérotonine, souvent surnommée l'hormone du bonheur. La sérotonine, à son tour, est un précurseur de la mélatonine, une hormone qui régule les cycles de sommeil. Un apport adéquat en tryptophane est donc essentiel pour maintenir un bon équilibre mental et un sommeil de qualité.

Tryptophane et Ménopause Pendant la ménopause, les fluctuations hormonales peuvent entraîner une variété de symptômes, y compris l'insomnie et les changements d'humeur. La baisse des niveaux d'œstrogènes peut affecter le métabolisme du tryptophane, réduisant ainsi la production de sérotonine et de mélatonine. Ceci souligne l'importance d'un apport suffisant en tryptophane pour aider à atténuer ces symptômes.

Aliments Riches en Tryptophane Certains aliments sont particulièrement riches en tryptophane, ce qui peut être bénéfique pour les femmes en période de ménopause. Parmi ces aliments :

Viandes maigres : Poulet, dinde, et autres viandes maigres sont d'excellentes sources de tryptophane.

Poissons gras : Le saumon, le thon et d'autres poissons gras contiennent non seulement du tryptophane mais aussi des acides gras oméga-3 bénéfiques.

Produits laitiers : Fromage, lait et yaourt sont des sources notables de tryptophane.

Noix et graines : Les amandes, graines de citrouille, et graines de tournesol sont à la fois riches en tryptophane et en autres nutriments essentiels.

Légumineuses : Les lentilles, les pois chiches et les haricots sont non seulement riches en tryptophane mais aussi en fibres et en protéines.

Magnésium et Calcium

Le magnésium et le calcium jouent des rôles cruciaux dans le maintien de la santé globale, particulièrement pendant la ménopause. Cette période de changement biologique chez la femme est souvent associée à une diminution de la densité osseuse et à des troubles de l'humeur, rendant l'apport en ces minéraux d'autant plus essentiel. Cet essai explore le rapport entre le magnésium, le calcium, la ménopause, et identifie des sources alimentaires riches en ces nutriments.

Importance du Magnésium et du Calcium Le magnésium est vital pour plus de 300 réactions enzymatiques dans le corps, influençant entre autres la santé des os, la fonction musculaire, et l'équilibre nerveux. Le calcium, quant à lui, est crucial pour la santé osseuse, la coagulation sanguine, et la fonction musculaire. Ensemble, ces minéraux jouent un rôle synergique, particulièrement important pour la santé des os.

Magnésium, Calcium et Ménopause Pendant la ménopause, la diminution des niveaux d'œstrogènes peut conduire à une perte de densité osseuse, augmentant le risque d'ostéoporose. Le magnésium et le calcium sont essentiels pour prévenir cette déminéralisation osseuse. De plus, le magnésium a un effet calmant qui peut aider à gérer le stress et l'insomnie, des symptômes courants pendant la ménopause.

<u>**Sources de Magnésium**</u> :

Noix et graines : amandes, graines de citrouille, graines de tournesol.
Légumes verts à feuilles : épinards, chou frisé.
Légumineuses : pois chiches, haricots noirs.
Céréales complètes : quinoa, avoine.
Fruits : bananes, avocats.

<u>**Sources de Calcium**</u> :

Produits laitiers : lait, fromage, yaourt.
Légumes verts à feuilles : chou frisé, brocoli.
Poissons à arêtes molles : sardines, saumon en conserve.
Légumineuses et noix : amandes, tofu.

L'importance du magnésium et du calcium est accentuée pendant la ménopause en raison de leur rôle dans la préservation de la densité osseuse et dans la régulation de l'humeur et du sommeil. Un apport suffisant en ces minéraux peut être obtenu grâce à une alimentation diversifiée, riche en aliments naturels contenant du magnésium et du calcium. Il est recommandé aux femmes en période de ménopause de se concentrer sur ces nutriments essentiels pour soutenir leur santé globale.

Aliments riches en mélatonine

La mélatonine, souvent appelée « hormone du sommeil », joue un rôle crucial dans la régulation des cycles de sommeil. Son importance est particulièrement notable pendant la ménopause, une période où de nombreuses femmes éprouvent des troubles du sommeil. Cet essai explore le rôle de la mélatonine dans le contexte de la ménopause et identifie des aliments qui peuvent aider à stimuler sa production.

La mélatonine et ses fonctions

La mélatonine est une hormone produite par la glande pinéale, principalement en réponse à l'obscurité. Elle aide à réguler le cycle veille-sommeil et est essentielle pour un sommeil réparateur. La production de mélatonine diminue avec l'âge, ce qui peut contribuer aux troubles du sommeil observés chez les personnes âgées, y compris celles en période de ménopause.

Mélatonine et ménopause

La ménopause entraîne des changements hormonaux significatifs qui peuvent perturber le sommeil. Les symptômes comme les bouffées de chaleur et les sueurs nocturnes peuvent également affecter la qualité du sommeil. En raison de la baisse naturelle de la production de mélatonine avec l'âge, les femmes ménopausées peuvent être particulièrement susceptibles de vivre des perturbations du sommeil.

Aliments et habitudes favorisant la production de mélatonine

Bien que la mélatonine ne se trouve pas abondamment dans les aliments, certains peuvent aider à stimuler sa production :

Aliments riches en tryptophane :

Le tryptophane, un précurseur de la sérotonine et de la mélatonine, se trouve dans la dinde, les œufs, le fromage, les poissons, et les noix.

Céréales complètes : Les céréales complètes favorisent un bon apport en glucides complexes, ce qui peut aider à augmenter la disponibilité du tryptophane dans le cerveau.

Fruits et légumes : Les cerises, en particulier, sont souvent citées pour leur teneur en mélatonine. Les bananes et les ananas peuvent également être bénéfiques.

Noix et graines : Les graines de lin et de citrouille sont de bonnes sources de tryptophane.

Bien que l'apport direct en mélatonine par l'alimentation soit limité, consommer des aliments qui favorisent sa production peut être bénéfique, en particulier pour les femmes en période de ménopause qui luttent contre les troubles du sommeil. En plus d'une alimentation équilibrée, maintenir une bonne hygiène de sommeil et réduire l'exposition à la lumière bleue le soir peut également aider à réguler la production de mélatonine.

La caféine et la ménopause

Eviter la caféine et l'alcool : Selon l'INSERM, il est conseillé de limiter la consommation de café, thé, et autres boissons énergisantes, ces substances peuvent perturber la qualité du sommeil, surtout si elles sont consommées en fin de journée.

La caféine et l'alcool sont deux substances couramment consommées qui peuvent avoir des effets significatifs sur la santé, en particulier pendant la ménopause. Cette période de changement hormonal chez les femmes peut être accompagnée de symptômes exacerbés par la consommation de caféine et d'alcool.

Effets stimulants : La caféine est un stimulant qui peut aggraver l'insomnie, un symptôme fréquent de la ménopause. Elle peut également intensifier les bouffées de chaleur et l'anxiété.

Influence sur le sommeil : La consommation de caféine, surtout en fin de journée, peut perturber le cycle du sommeil, rendant l'endormissement plus difficile.

Gestion de la consommation : Il est conseillé de limiter la consommation de caféine, notamment après midi, pour atténuer ses effets sur le sommeil et les symptômes ménopausiques.

L'alcool et la ménopause

Effets sur les symptômes ménopausiques : L'alcool peut exacerber certains symptômes de la ménopause comme les bouffées de chaleur et l'insomnie. Il peut également avoir un impact sur l'humeur et la stabilité émotionnelle.

Impact sur le sommeil : Bien que l'alcool puisse sembler favoriser l'endormissement, il perturbe en réalité la qualité du sommeil, entraînant souvent un sommeil fragmenté et moins réparateur.

Consommation modérée : Une consommation modérée ou la réduction de l'alcool peut aider à mieux gérer les symptômes de la ménopause et à maintenir un sommeil de meilleure qualité.

Conseils pour la gestion de la caféine et de l'alcool

Réduction progressive : Réduire progressivement la consommation de caféine et d'alcool peut aider à minimiser leurs effets sur le sommeil et à améliorer les symptômes de la ménopause.

Alternatives saines : Opter pour des boissons sans caféine ou des boissons relaxantes comme les tisanes peut être bénéfique. De même, choisir des boissons non alcoolisées lors des événements sociaux peut aider à maintenir un style de vie sain.

Hydratation : Boire suffisamment d'eau pour rester hydraté est essentiel, car tant la caféine que l'alcool ont des propriétés diurétiques.

La gestion de la consommation de caféine et d'alcool peut jouer un rôle important dans la maîtrise des symptômes de la ménopause. En étant conscientes des effets de ces substances et en adoptant des habitudes de consommation plus saines, les femmes peuvent atténuer les symptômes désagréables de la ménopause et améliorer leur qualité de vie globale.

Tisanes

Les tisanes sont depuis longtemps appréciées pour leurs bienfaits thérapeutiques, notamment pour soulager les symptômes associés à la ménopause. Riches en herbes, racines et fleurs aux propriétés variées, elles offrent une alternative naturelle et douce pour gérer les désagréments de cette transition hormonale. Cet essai explore les bienfaits de certaines tisanes sur les symptômes de la ménopause et identifie les infusions les plus efficaces pour les femmes ménopausées.

Bienfaits des Tisanes pendant la Ménopause Les tisanes peuvent avoir plusieurs effets bénéfiques pour les femmes en période de ménopause, notamment :

Réduction des bouffées de chaleur et des sueurs nocturnes : Certaines herbes peuvent aider à réguler la température corporelle et à diminuer la fréquence des bouffées de chaleur.

Amélioration du sommeil : Des ingrédients apaisants et relaxants dans les tisanes peuvent favoriser un sommeil plus profond et plus réparateur.

Soutien de l'humeur et de la santé émotionnelle : Les herbes aux propriétés calmantes peuvent atténuer l'anxiété et les sautes d'humeur.

Soulagement des douleurs musculaires et articulaires : Certaines tisanes ont des propriétés anti-inflammatoires qui peuvent soulager les douleurs liées à la ménopause.

<u>Les tisanes les plus efficaces pour les femmes ménopausées :</u>

Tisane de sauge : Reconnue pour son efficacité dans la réduction des bouffées de chaleur et des sueurs nocturnes.

Tisane de camomille : Appréciée pour ses propriétés calmantes, idéale pour améliorer la qualité du sommeil.

Tisane à la mélisse : Utilisée pour ses effets bénéfiques sur l'humeur et la réduction de l'anxiété.

Tisane de feuilles de framboisier : Peut aider à réguler les hormones et soulager les crampes menstruelles.

Tisane de valériane : Connue pour ses propriétés sédatives, elle favorise un sommeil réparateur.

Tisane d'ortie : Riche en minéraux, elle peut soutenir la santé osseuse et soulager les douleurs articulaires.

<u>Conseils pour la consommation de tisanes :</u>

Consommation modérée : Bien que naturelles, les tisanes doivent être consommées avec modération. Trop de certaines herbes peuvent avoir des effets secondaires ou interférer avec des médicaments.

Variété : Varier les tisanes peut maximiser leurs bénéfices et réduire les risques d'effets secondaires.

Qualité : Choisir des tisanes de bonne qualité, de préférence biologiques, pour éviter les pesticides et autres additifs.

Les tisanes offrent une solution naturelle et douce pour gérer les symptômes de la ménopause. En choisissant les bonnes herbes, les femmes ménopausées peuvent trouver un soulagement significatif pour les bouffées de chaleur, l'insomnie, les sautes d'humeur et d'autres désagréments. Toutefois, il est important de se rappeler que la consommation de tisanes doit être équilibrée et adaptée aux besoins individuels.

Dîner léger

Manger léger le soir peut avoir des avantages significatifs, particulièrement pour les femmes en période de ménopause. Cette pratique peut aider à gérer les symptômes ménopausiques, à améliorer la qualité du sommeil, et à maintenir un poids santé.

Avantages des dîners légers pendant la ménopause :

Amélioration de la digestion : Les repas légers le soir facilitent la digestion, réduisant ainsi l'inconfort et les problèmes gastro-intestinaux.

Meilleure qualité de sommeil : Manger léger minimise les risques de perturbations du sommeil dues à la digestion.

Gestion du poids : Les dîners légers aident à contrôler l'apport calorique, un aspect crucial pendant la ménopause où le métabolisme a tendance à ralentir.

Réduction des bouffées de chaleur : Des repas moins lourds et moins épicés peuvent contribuer à diminuer la fréquence des bouffées de chaleur.

Que comprendre par « dîner léger » ? :

Un dîner léger idéal pendant la ménopause devrait être :

Riche en nutriments : Inclure des légumes, des protéines maigres, et des grains entiers.

Faible en graisses saturées et en sucre : Éviter les aliments transformés et les sucres raffinés.

Modéré en portions : Des portions contrôlées aident à éviter les excès.

<u>Conseils pour préparer des dîners légers :</u>

Planification : Planifier les repas à l'avance pour éviter de recourir à des options moins saines.

Cuisson saine : Privilégier les méthodes de cuisson comme la grillade, la vapeur ou la cuisson au four.

Hydratation : Accompagner le dîner d'eau ou d'une tisane pour une meilleure digestion et hydratation.

Les dîners légers offrent de multiples bienfaits pour les femmes ménopausées, contribuant à une meilleure santé digestive, un sommeil de qualité et un meilleur contrôle du poids. En intégrant des repas nutritifs et légers dans leur routine quotidienne, les femmes peuvent gérer plus efficacement les symptômes de la ménopause tout en profitant d'un mode de vie sain et équilibré.

Les aliments favorisant le sommeil

Dans notre quête du sommeil réparateur pendant la ménopause, nos cuisines se transforment en laboratoires de rêve. Là, certains aliments jouent les héros de la nuit, aidant à combattre les ennemis du sommeil comme les bouffées de chaleur et l'insomnie. Armée de ces aliments magiques, vous pouvez dire adieu aux moutons et bonjour aux doux rêves !

Produits laitiers : Riches en calcium, ils aident le cerveau à utiliser le tryptophane pour produire de la mélatonine, l'hormone du sommeil.

Poissons gras : Le saumon, le maquereau et le thon sont riches en vitamine D et en acides gras oméga-3, qui peuvent améliorer la qualité du sommeil.

Noix et graines : Les amandes et les graines de lin, par exemple, contiennent du magnésium, connu pour ses propriétés relaxantes.

Fruits : Les cerises sont une source naturelle de mélatonine, tandis que les bananes offrent du magnésium et du potassium, aidant à la relaxation musculaire.

Pourquoi Ces Aliments Aident Ces aliments contiennent des nutriments qui aident à réguler les neurotransmetteurs et les hormones impliquées dans le cycle du sommeil. Par exemple, le tryptophane favorise la production de sérotonine, qui est ensuite convertie en mélatonine.

Intégrer des aliments favorisant le sommeil dans l'alimentation peut être une stratégie efficace pour améliorer la qualité du sommeil chez les femmes ménopausées. En choisissant les bons aliments et en respectant de bonnes habitudes alimentaires, il est possible de réduire les troubles du sommeil associés à la ménopause.

Gérer son stress

Le stress peut avoir un impact significatif sur le bien-être général, et la manière dont nous mangeons joue un rôle clé dans notre réponse au stress. Certains aliments ont la capacité de moduler notre réponse au stress en favorisant la relaxation, en soutenant l'équilibre hormonal et en réduisant l'inflammation.

Aliments riches en oméga-3

Les acides gras oméga-3 sont connus pour leurs effets bénéfiques sur la santé mentale, notamment en réduisant les niveaux de stress et d'anxiété. Ils peuvent aider à moduler les réactions émotionnelles associées au stress.

Sources : Poissons gras (saumon, sardines, maquereau), graines de chia, graines de lin, et noix.

Aliments contenant des antioxydants

Les antioxydants combattent les dommages causés par le stress oxydatif et soutiennent le système nerveux. Une alimentation riche en antioxydants peut contribuer à une meilleure gestion du stress.

Sources : Baies, noix, légumes à feuilles vertes, et légumes colorés comme les carottes et les poivrons.

Vitamines du groupe B

Les vitamines B jouent un rôle crucial dans la gestion du stress en aidant à réguler les neurotransmetteurs. Elles sont essentielles pour maintenir une fonction nerveuse saine et pour l'énergie.

Sources : Viandes, œufs, légumineuses, grains entiers, et avocats.

Aliments riches en Magnésium

Le magnésium peut aider à détendre les muscles et à réduire les sensations d'anxiété, jouant un rôle dans la réponse de l'organisme au stress.

Sources : Épinards, amandes, graines de citrouille, et chocolat noir.

Thé vert

Le thé vert contient de la L-théanine, un acide aminé qui peut promouvoir la relaxation sans somnolence et aider à diminuer le stress.

Probiotiques

Les probiotiques soutiennent la santé intestinale, qui est étroitement liée à l'humeur et au bien-être émotionnel grâce à l'axe intestin-cerveau.

Sources : Yaourt, kéfir, kimchi, et autres aliments fermentés.

Conseils pour intégrer ces aliments

Régularité : Intégrer ces aliments de manière régulière dans l'alimentation plutôt que de les consommer sporadiquement en réponse au stress.

Équilibre : Veiller à maintenir une alimentation équilibrée qui inclut une variété de ces aliments pour maximiser leurs bénéfices.

Hydratation : Ne pas oublier l'importance de l'hydratation. L'eau peut aider à gérer le stress en maintenant le corps et l'esprit en état optimal.

Adopter une alimentation riche en nutriments spécifiques peut aider à renforcer la capacité du corps à gérer le stress, en fournissant un soutien naturel pour une approche plus apaisée de la vie. Combiner ces choix alimentaires avec des pratiques de bien-être telles que la méditation, l'exercice physique et un sommeil de qualité peut offrir une stratégie complète pour faire face au stress pendant la ménopause et au-delà.

Gérer ses bouffées de chaleur

Les bouffées de chaleur sont l'un des symptômes les plus courants et inconfortables de la ménopause. Elles touchent une grande majorité de femmes et peuvent avoir un impact significatif sur la qualité de vie.

Comprendre les Bouffées de Chaleur Les bouffées de chaleur sont des sensations soudaines de chaleur intense, souvent accompagnées de rougeurs, de transpiration et parfois de palpitations. Elles résultent de l'interaction complexe entre les hormones fluctuantes, le système nerveux et les vaisseaux sanguins.

Le rôle des hormones

Fluctuations hormonales : La ménopause est caractérisée par une baisse des niveaux d'œstrogènes. Cette baisse perturbe le fonctionnement normal du système thermorégulateur du corps situé dans l'hypothalamus, le centre de régulation de la température du corps.

Réaction du corps : En réponse à ces fluctuations, l'hypothalamus peut déclencher à tort une réaction de dissipation de la chaleur, entraînant une dilatation rapide des vaisseaux sanguins (vasodilatation) et une augmentation du flux sanguin vers la peau, provoquant ainsi la sensation de chaleur et les rougeurs.

Facteurs exacerbant

Certains facteurs peuvent aggraver les bouffées de chaleur, notamment :

Facteurs environnementaux : Température élevée, humidité, vêtements serrés.

Habitudes de vie : Consommation d'alcool, de tabac, de caféine, alimentation épicée, stress.

Autres facteurs médicaux : Certaines conditions de santé et médicaments peuvent également influencer la fréquence et l'intensité des bouffées de chaleur.

Bien que les bouffées de chaleur soient une expérience commune pendant la ménopause, leur impact peut être atténué par une compréhension approfondie de leurs causes et par l'adoption de stratégies de gestion efficaces. La consultation d'un professionnel de santé est cruciale pour un traitement adapté.

Les aliments à privilégier et à éviter

Les bouffées de chaleur résultent d'une perturbation du système de régulation thermique du corps due à des fluctuations hormonales. Les éléments à privilégier visent à soutenir l'équilibre hormonal et à améliorer la capacité du corps à gérer la température. Inversement, les facteurs à éviter sont ceux qui peuvent stimuler ou aggraver ce déséquilibre.

Les bienvenus : les aliments fraîcheur

Les fruits et légumes : Riches en eau et en fibres, ils aident à réguler la température du corps. Concombres, melons, et légumes à feuilles vertes sont vos meilleurs alliés.

Les protéines maigres : Le poulet, le poisson et les légumineuses sont vos gardiens. Elles aident à stabiliser la glycémie, ce qui peut réduire l'intensité des bouffées de chaleur.

Les grains entiers : Les céréales complètes comme l'avoine, le quinoa et le riz brun sont vos régulateurs thermiques. Ils aident à équilibrer les hormones et à maintenir une température corporelle stable.

Les indésirables : les aliments sauna

Café et thé fort : En activant des hormones liées au stress, et stimulant le système nerveux central, le corps libère de l'adrénaline, ce qui parallèlement augmente la fréquence cardiaque. Ce qui aggrave les bouffées de chaleur. Mieux vaut donc opter pour des versions décaféinées ou des tisanes.

Alcool : Un verre de vin peut sembler relaxant et activer la circulation sanguine mais en excès, ils dilatent les vaisseaux et peuvent alors provoquer les bouffées de chaleur.

Aliments épicés : Manger épicé peut ajouter du piquant à votre vie, mais aussi des bouffées de chaleur. Cela peut provoquer une montée en température corporelle en augmentant la circulation sanguine des tissus. En faible quantité, l'effet est stimulant et amplifie l'expérience gustative.

Sucres raffinés et aliments transformés : Ces aliments sont de faux amis. Ils peuvent déséquilibrer les hormones et aggraver les bouffées de chaleur.

Choisir les bons aliments peut être un moyen efficace de garder les bouffées de chaleur à distance. C'est un peu comme composer la playlist parfaite pour une soirée détente.

Conseils pratiques pour réduire les symptômes des bouffées de chaleur pendant la ménopause

Pour réduire les symptômes des bouffées de chaleur pendant la ménopause, voici quelques conseils pratiques :

Optez pour la fraîcheur

Imaginez que vous êtes un pingouin dans la banquise. Garder des objets frais à portée de main, comme un éventail ou une bouteille d'eau froide, peut être un vrai soulagement. Selon l'Université de Cambridge, la régulation de la température ambiante et l'utilisation d'objets rafraîchissants peuvent aider à gérer les bouffées de chaleur.

L'habillage en couches

Adoptez la mode "oignon" en vous habillant en couches. Cela permet de s'adapter rapidement aux changements de température corporelle. Choisir des vêtements en fibres naturelles comme le coton peut également aider à mieux respirer.

L'activité physique

L'activité physique peut réduire l'intensité et la fréquence des bouffées de chaleur.

La relaxation

Des techniques de relaxation comme le yoga, la méditation ou la respiration profonde peuvent être très efficaces. La gestion du stress joue un rôle clé dans la réduction des bouffées de chaleur.

Un sommeil de qualité

Aménagez un environnement de sommeil frais et confortable car la qualité du sommeil peut influencer la sévérité des bouffées de chaleur. Pensez à des draps en coton, une pièce bien aérée et peut-être même un oreiller rafraîchissant. Envisagez l'utilisation d'un ventilateur ou d'un climatiseur.

La nourriture

Incluez dans votre alimentation des aliments riches en phytoœstrogènes, comme le soja, les graines de lin et certains fruits et légumes. Ces aliments peuvent aider à équilibrer les hormones et réduire aussi ces symptômes.

Rappelez-vous, chaque femme est unique, et ce qui fonctionne pour une personne peut ne pas fonctionner pour une autre. Alors, expérimentez, ajustez, et trouvez vos propres recettes pour rester « Zen » pendant la ménopause.

Surveillance médicale

Discutez avec un professionnel de santé en fonction de vos besoins et de votre état de santé général, il vous accompagnera sans tabou dans cette « aventure ».

L'importance du mouvement

L'importance du mouvement et de l'activité physique sur l'alimentation, spécialement pour une femme en période ménopausique, est considérable et apporte de multiples bénéfices. Voici quelques-uns des impacts positifs de l'exercice sur l'alimentation et la santé globale pendant la ménopause :

Amélioration du métabolisme

La ménopause peut ralentir le métabolisme, facilitant ainsi le gain de poids. L'activité physique aide à accélérer le métabolisme, permettant au corps de brûler plus efficacement les calories. Cela peut contribuer à une meilleure régulation du poids et à la prévention de l'obésité.

Gestion des symptômes de la ménopause

L'exercice peut aider à atténuer certains symptômes de la ménopause, tels que les bouffées de chaleur, les troubles du sommeil, et l'anxiété. Par ailleurs, une activité physique régulière peut améliorer l'humeur grâce à la libération d'endorphines, souvent appelées hormones du bonheur.

Renforcement de la santé des os

La ménopause augmente le risque d'ostéoporose en raison de la diminution des niveaux d'estrogène, qui joue un rôle clé dans le

maintien de la densité osseuse. Les activités portant du poids,
comme la marche, la course, ou le levage de poids, peuvent
renforcer les os et diminuer le risque de fractures.

Amélioration de la composition corporelle

L'activité physique, en particulier les exercices de résistance, peut
aider à maintenir ou à augmenter la masse musculaire, qui a
tendance à diminuer avec l'âge. Une meilleure composition
corporelle (plus de muscle, moins de graisse) aide à réguler le
métabolisme et à améliorer la santé globale.

Impact sur l'alimentation

L'exercice peut également influencer positivement les choix
alimentaires. Une activité physique régulière peut augmenter la
sensibilisation de l'organisme à ses propres signaux de faim et de
satiété, encourageant ainsi des habitudes alimentaires plus
saines. De plus, les personnes actives peuvent être plus enclines
à choisir des aliments nutritifs pour soutenir leur activité physique
et atteindre leurs objectifs de santé.

Réduction du risque de maladies chroniques

L'activité physique régulière diminue le risque de développer des
maladies chroniques telles que les maladies cardiovasculaires, le
diabète de type 2, et certains types de cancer, risques qui peuvent
augmenter après la ménopause. En combinant exercice et

alimentation équilibrée, on renforce les effets protecteurs contre ces conditions.

Amélioration du sommeil

La pratique régulière d'exercices peut améliorer la qualité du sommeil, souvent perturbé pendant la ménopause. Un meilleur sommeil peut, à son tour, favoriser de meilleures décisions alimentaires, en réduisant les envies d'aliments riches en sucre et en graisses, souvent recherchés pour leur effet "réconfortant".

L'importance du mouvement et de l'activité physique va au-delà de la simple gestion du poids pour les femmes en période ménopausique. Elle impacte positivement l'alimentation, la santé mentale, la qualité du sommeil, la santé des os, et la prévention des maladies chroniques. Adopter un mode de vie actif en combinaison avec une alimentation équilibrée peut grandement contribuer à améliorer la qualité de vie pendant et après la ménopause.

Exercices adaptés

Les exercices bénéfiques pendant la périménopause et la ménopause peuvent aider à gérer les symptômes, à maintenir un poids santé, et à améliorer l'humeur et la qualité de vie. Voici des recommandations d'exercices :

La marche

La marche se révèle être un exercice simple mais profondément efficace. Elle soutient la santé cardiovasculaire et améliore l'humeur. Que ce soit une balade tranquille ou une marche rapide, c'est l'occasion parfaite pour se connecter avec soi-même ou partager un moment avec une amie.

Le yoga

Le yoga offre une pratique riche en bénéfices pour le corps et l'esprit, favorisant la flexibilité, l'équilibre et la détente profonde. Des recherches ont souligné son rôle dans la gestion du stress et l'amélioration du sommeil, essentiels durant la ménopause.

La natation

La natation est un excellent moyen de rester actif tout en étant doux pour les articulations. Elle stimule le cœur et procure une sensation de légèreté et de liberté.

Le vélo

Le vélo est une activité cardiovasculaire de choix qui peut être pratiquée à tout rythme. Il constitue un excellent moyen d'améliorer la santé cardiaque sans imposer un stress excessif sur les articulations.

La danse

La danse est une manière joyeuse et vivifiante de rester en forme. Elle renforce l'équilibre, la coordination et la santé mentale. La danse invite à l'expression personnelle et au plaisir, essentiels pour une vie équilibrée.

Le pilates

Le Pilates est une méthode efficace pour renforcer le centre du corps, améliorer la posture et augmenter la flexibilité. Ce qui a un impact positif sur la force musculaire et la silhouette.

Cardiovasculaires

Marche rapide, jogging, vélo, natation ou danse.

Aide à améliorer la santé cardiaque, à brûler des calories et à réduire le stress.

L'idéal est de viser 150 minutes d'activité modérée par semaine.

Renforcement musculaire

Utiliser des poids libres, des machines de musculation, ou des exercices de poids corporel comme les pompes et les squats.

Renforce les muscles, soutient le métabolisme et aide à prévenir l'ostéoporose.

Pratiquer au moins deux jours par semaine.

Flexibilité et équilibre

Yoga, Pilates ou étirements.

Améliorent la flexibilité, réduisent le risque de chute et diminuent le stress.

Peuvent être pratiqués quotidiennement.

Exercices à impact faible

Aquagym, marche nordique ou vélo elliptique.

Moins stressants pour les articulations et idéaux pour ceux qui ont des douleurs articulaires ou de l'arthrite.

Exercices de Kegel

Renforcent les muscles du plancher pelvien, utiles pour la gestion de l'incontinence urinaire.

Peuvent être faits n'importe quand et n'importe où.

Activités de plein air

Randonnée, jardinage ou golf.

Offrent à la fois de l'exercice physique et une exposition bénéfique à la lumière naturelle, ce qui peut aider à améliorer l'humeur.

Entraînement par intervalles à haute intensité (HIIT)

Courtes périodes d'activité intense suivies de périodes de repos.

Efficace pour améliorer la condition cardiovasculaire et brûler les graisses.

Tai Chi et Qi Gong

Exercices doux et méditatifs, bons pour l'équilibre, la flexibilité et
la réduction du stress.

Choisir une activité physique qui nous plaît est fondamental pour
intégrer l'exercice dans notre routine quotidienne. Chaque activité
représente une étape vers une ménopause gérée avec santé et
positivité. L'exercice, bien plus qu'une routine, devient une
célébration de ce que notre corps peut accomplir à chaque étape
de la vie.

Il est important de choisir des activités qui nous sont agréables,
afin de rester motivée. Il est aussi recommandé de consulter un
professionnel de santé avant de commencer tout nouveau
programme d'exercice, surtout si des conditions médicales
existent. Une approche progressive et équilibrée est la clé pour
intégrer avec succès l'exercice dans le mode de vie pendant la
ménopause.

6. Approches alternatives

L'alimentation joue un rôle crucial dans la gestion des symptômes ménopausiques. Une alimentation équilibrée, riche en nutriments essentiels, peut aider à atténuer les désagréments et à maintenir une bonne santé générale. Des approches comme l'homéopathie, la naturopathie et l'utilisation d'huiles essentielles peuvent également offrir un soutien naturel. Voici quelques thérapies et méthodes non conventionnelles pouvant aider à la gestion des symptômes de la ménopause. Mais tout d'abord, savez-vous quels sont vos besoins ?

Evaluation des besoins nutritionnels

Évaluer ses besoins nutritionnels en période ménopausique est essentiel pour maintenir une bonne santé, gérer les symptômes de la ménopause, et prévenir les maladies chroniques liées à l'âge. Voici une approche étape par étape pour déterminer ces besoins :

Consultation professionnelle

Consultez un professionnel de santé : Un médecin, un diététicien ou un nutritionniste peut fournir des conseils personnalisés basés sur votre état de santé, vos symptômes de ménopause, votre poids actuel, et votre niveau d'activité physique. Ils peuvent également recommander des tests pour identifier d'éventuelles carences nutritionnelles.

Evaluation de l'alimentation actuelle

Tenez un journal alimentaire : Notez tout ce que vous mangez et buvez pendant une semaine. Cela peut aider à identifier les modèles alimentaires, les carences potentielles en nutriments, et les domaines à améliorer. Certaines applications mobiles existent pour établir un suivi ou vous aider à vous rappeler à l'ordre (cf. Chapitre 7).

Identification des besoins spécifiques liés à la ménopause

Calcium et vitamine D : Votre alimentation en contient-elle assez ?

Protéines : Qu'il s'agisse de protéines animales ou végétales, votre corps n'en manque-t-il pas ?

Fibres : Les aliments pleins de fibres n'ont pas de secret pour vous mais font-ils partie de votre alimentation quotidienne ?

Eau : L'hydratation est cruciale, mais faites-vous partie de ces gens qui ont du mal à boire leur minimum 1,5 litres d'eau par jour ?

Attention aux besoins énergétiques

Évaluez votre activité physique : Les besoins énergétiques peuvent diminuer avec l'âge, mais une activité physique régulière est essentielle. L'exercice influence également vos besoins en calories et en nutriments. Etes-vous plutôt sédentaire ? Combien de temps passez-vous par semaine à vous « activer » ?

Ajustements alimentaires : Avec un métabolisme potentiellement plus lent, il peut être nécessaire de réduire les apports caloriques tout en s'assurant que l'alimentation reste riche en nutriments : savez-vous combien de calories dans une journée représente votre juste milieu ?

Surveillance des changements de poids

Surveillez votre poids : Des changements dans le métabolisme pendant la ménopause peuvent rendre la gestion du poids plus difficile. Adapter votre alimentation et votre niveau d'activité physique peut aider à maintenir un poids sain.

Gestion des symptômes via l'alimentation

Aliments à éviter ou à privilégier : Certains aliments peuvent aggraver les symptômes de la ménopause, comme les bouffées de chaleur, tandis que d'autres peuvent les atténuer. Identifier ces aliments et ajuster votre alimentation en conséquence peut être bénéfique. Prenez rendez-vous chez votre médecin si cela ne suffit pas.

Suppléments nutritionnels

Considérez les suppléments avec prudence : Discutez avec un professionnel de santé avant de commencer tout supplément, surtout si vous visez à combler des lacunes nutritionnelles spécifiques identifiées. Il certainement à même de vous aider à sélectionner ceux de meilleure qualité, même s'ils ne sont pas remboursés.

L'évaluation des besoins nutritionnels pendant la ménopause est un processus personnalisé qui tient compte de nombreux facteurs, y compris les changements hormonaux, le mode de vie, et les conditions de santé existantes. Un professionnel de santé peut vous guider dans ce processus, en recommandant des ajustements alimentaires spécifiques et des stratégies pour gérer les symptômes de la ménopause, améliorant ainsi votre qualité de vie pendant cette période de transition.

Petit guide des compléments et suppléments

La ménopause est une période de changement significatif dans la vie d'une femme, marquée par l'arrêt des menstruations et des fluctuations hormonales qui peuvent affecter la santé de diverses manières. Bien que ce soit une étape naturelle de la vie, les symptômes qui l'accompagnent, tels que les bouffées de chaleur, les troubles du sommeil, les changements d'humeur et la perte de densité osseuse, peuvent être difficiles à gérer. En plus des ajustements alimentaires et de mode de vie, les compléments et suppléments peuvent jouer un rôle clé dans le soutien du bien-être pendant cette transition.

Ce chapitre vise à explorer l'univers des compléments et suppléments pertinents pour les femmes ménopausées, offrant des conseils éclairés sur comment ils peuvent être utilisés pour soutenir la santé osseuse, l'équilibre hormonal, le bien-être mental et physique, et la qualité de vie globale. Il est essentiel de comprendre quels suppléments peuvent être bénéfiques, comment ils fonctionnent, et dans quelles circonstances ils devraient être pris pour maximiser leur efficacité tout en minimisant les risques.

Nous aborderons une variété de suppléments, y compris mais non limités aux vitamines D et B, au calcium, aux isoflavones de soja, aux oméga-3, et aux probiotiques, en examinant les preuves de leur efficacité, les recommandations de dosage, et les considérations de sécurité. Il est important de noter que bien que les compléments alimentaires puissent offrir un soutien précieux, ils ne remplacent pas une alimentation équilibrée et un mode de vie sain. De plus, la décision d'ajouter des compléments à votre routine devrait toujours être prise en consultation avec un professionnel de santé pour assurer qu'ils sont appropriés pour votre situation individuelle.

Compléments alimentaires

Les compléments alimentaires sont des produits destinés à compléter l'alimentation avec des nutriments ou des substances ayant un effet nutritionnel ou physiologique. Ils peuvent inclure des vitamines, minéraux, herbes, acides aminés, enzymes, et d'autres ingrédients. Ces produits sont généralement conçus pour apporter un soutien nutritionnel spécifique et compenser les carences alimentaires.

Objectifs

- Cibler des carences spécifiques en nutriments.
- Soutenir des fonctions corporelles spécifiques (par exemple, santé osseuse, fonctionnement du système immunitaire).
- Fournir un apport nutritionnel concentré dans des cas où l'alimentation seule pourrait ne pas suffire.

Suppléments alimentaires

Le terme « supplément alimentaire » est souvent utilisé de manière synonyme avec « complément alimentaire », surtout dans le contexte américain. Cependant, dans certains cadres, il peut être utilisé pour désigner plus largement tout produit pris en plus de l'alimentation habituelle pour améliorer la santé globale, incluant non seulement les nutriments, mais aussi des substances comme des extraits de plantes ou des composés bioactifs.

Objectifs

- Améliorer la santé et le bien-être général, au-delà de la simple correction des carences.
- Soutenir des objectifs de santé spécifiques (par exemple, soutien à la performance sportive, gestion du stress, amélioration du sommeil).
- Inclure une gamme plus large de produits pour le bien-être, pas uniquement liés à la nutrition.

Utilisation et sélection

Choisir entre compléments et suppléments alimentaires dépend des objectifs individuels de santé, des besoins nutritionnels spécifiques, et des recommandations d'un professionnel de santé. Il est crucial d'évaluer la qualité des produits, leur efficacité prouvée, et leur sécurité avant de les intégrer à votre routine.

Consultation professionnelle : Avant de commencer tout nouveau complément ou supplément, il est recommandé de consulter un professionnel de la santé. Cela est particulièrement important pour éviter les interactions avec des médicaments existants et pour s'assurer que le produit est approprié pour vos besoins spécifiques.

Qualité et pureté : Rechercher des produits qui sont transparents quant à leur contenu, leur concentration en ingrédients actifs, et qui ont été testés par des tiers pour garantir leur pureté et leur sécurité.

Bien que les termes compléments et suppléments alimentaires puissent être utilisés de manière interchangeable, la distinction réside principalement dans l'objectif et la portée des produits. Les compléments alimentaires sont souvent conçus pour fournir des nutriments spécifiques et adresser des carences, tandis que les suppléments peuvent avoir un objectif plus large de soutien à la santé et au bien-être. Dans tous les cas, une approche informée et la consultation de professionnels de santé sont essentielles pour une utilisation sûre et efficace de ces produits dans le cadre de la gestion de la santé pendant la ménopause et au-delà.

Cette comparaison met en lumière les nuances entre compléments et suppléments alimentaires, soulignant l'importance de comprendre leurs objectifs, leur utilisation et la nécessité d'une approche prudente et éclairée dans leur sélection et leur intégration dans une routine de santé globale.

Les suppléments utiles pendant la ménopause

La ménopause peut présenter une série de défis pour la santé des femmes, mais certains suppléments ont été identifiés pour aider à gérer ses symptômes et soutenir la santé globale. Voici une sélection de suppléments souvent recommandés pendant la ménopause, avec des précisions sur leur utilité :

Vitamine D et Calcium

Utilité : La vitamine D et le calcium sont cruciaux pour la santé osseuse, aidant à prévenir l'ostéoporose, qui devient un risque accru pendant et après la ménopause.

Dosage recommandé : Les doses peuvent varier selon les besoins individuels et les niveaux de base, mais souvent autour de 600-800 UI pour la vitamine D et 1 000-1 200 mg pour le calcium par jour.

Isoflavones de soja

Utilité : Les isoflavones de soja peuvent aider à réduire les bouffées de chaleur et autres symptômes liés aux fluctuations hormonales.

Dosage recommandé : Environ 40-80 mg d'isoflavones de soja par jour est souvent suggéré, mais il est important de consulter un professionnel de la santé pour un dosage adapté.

Oméga-3

Utilité : Les acides gras oméga-3 peuvent contribuer à réduire le risque de maladies cardiaques, un risque accru pendant la ménopause, et peuvent aussi aider à gérer l'humeur et prévenir la dépression.

Dosage recommandé : 250-500 mg d'EPA et DHA combinés par jour.

Probiotiques

Utilité : Les probiotiques peuvent soutenir la santé digestive et, par extension, l'axe intestin-cerveau, ce qui peut influencer positivement l'humeur et le bien-être général.

Dosage recommandé : La quantité de CFU (unités formant colonie) peut varier largement, mais un supplément contenant une gamme de souches bactériennes est généralement recommandé.

Magnésium

Utilité : Le magnésium peut aider à améliorer la qualité du sommeil, à réduire les maux de tête et à soutenir l'humeur et la santé osseuse.

Dosage recommandé : 200-400 mg par jour, en fonction des besoins individuels et des conseils d'un professionnel de la santé.

Vitamines B

Utilité : Les vitamines B, en particulier B6, B9 (folate) et B12, peuvent soutenir le métabolisme énergétique, la santé nerveuse et mentale.

Dosage recommandé : Le dosage peut varier ; il est donc important de suivre les recommandations d'un professionnel de la santé basées sur des analyses et besoins individuels.

Bien que ces suppléments puissent offrir un soutien important pendant la ménopause, il est crucial de les utiliser en complément d'une alimentation équilibrée et d'un mode de vie sain. Avant de commencer tout nouveau supplément, il est recommandé de consulter un professionnel de la santé pour s'assurer qu'il convient à vos besoins spécifiques et pour déterminer le dosage approprié. Les suppléments ne sont pas une solution universelle, mais en combinaison avec d'autres stratégies de gestion des symptômes, ils peuvent jouer un rôle significatif dans le maintien de la santé et du bien-être pendant la ménopause.

Ceux à risque

Lorsqu'il s'agit de choisir des compléments alimentaires pour gérer les symptômes de la ménopause, il est crucial de prendre en compte à la fois leur efficacité et leur sécurité. Bien que de nombreux compléments soient disponibles, tous ne sont pas recommandés ou bénéfiques, et certains peuvent même présenter des risques.

Les caroténoïdes, comme l'alpha et le bêta-carotène, la vitamine A, la lutéine et le lycopène, nécessitent une attention particulière. Leur supplémentation peut être problématique, en particulier chez les fumeuses, car ces caroténoïdes peuvent favoriser la croissance de certains épithéliums. Il existe des preuves contradictoires concernant leur rôle dans la prévention du cancer, et il semble plus sûr de s'en tenir à une alimentation riche en caroténoïdes plutôt qu'à une supplémentation, surtout sans dosage adéquat.

La vitamine D est également importante, mais il faut absolument faire un dosage avant de prendre des suppléments, car son excès peut être préjudiciable. Elle joue un rôle clé dans la santé osseuse et possède des effets métaboliques qui peuvent être particulièrement bénéfiques pendant la ménopause. Cependant, son utilisation doit être surveillée par un professionnel de la santé.

Quant à la vitamine E, elle doit souvent être prescrite conjointement avec la vitamine C pour une efficacité optimale, en particulier pour la santé cardiovasculaire et cérébrale. Cependant, certaines études n'ont pas montré de bénéfices significatifs, surtout lorsque des vitamines synthétiques étaient utilisées.

Il est également important de noter que des remèdes non hormonaux, tels que l'actée à grappes noires et les produits à base de soja, sont disponibles en vente libre, mais leur efficacité et leur sécurité varient et nécessitent des recherches plus approfondies.

Les pièges des compléments alimentaires

La ménopause est une période de transition importante pour les femmes, souvent accompagnée de symptômes inconfortables. Beaucoup se tournent vers des compléments alimentaires pour atténuer ces symptômes. Cependant, il est crucial d'être consciente des pièges potentiels liés à leur utilisation.

Manque de réglementation et de contrôle de qualité

Les compléments alimentaires ne sont pas réglementés avec la même rigueur que les médicaments. Cela signifie que leur pureté, leur sécurité et leur efficacité ne sont pas toujours garanties. Les femmes doivent être vigilantes quant à la source et la qualité des compléments qu'elles choisissent.

Risque d'interactions médicamenteuses et effets secondaires

Certains compléments peuvent interagir avec des médicaments ou d'autres suppléments, entraînant des effets secondaires indésirables. Par exemple, certains peuvent augmenter le risque de saignement s'ils sont pris avec des anticoagulants.

Publicité trompeuse et revendications non fondées

De nombreux compléments sont commercialisés avec des allégations exagérées ou non prouvées. Les femmes doivent se méfier des promesses de solutions rapides ou de guérisons miracles, surtout si elles ne sont pas soutenues par des recherches scientifiques solides.

Surdosage et toxicité

Sans une réglementation stricte, il est facile de consommer un surplus de certaines vitamines ou minéraux, ce qui peut être toxique. Par exemple, un excès de vitamine A peut entraîner des problèmes hépatiques et osseux.

Mauvaise compréhension des besoins individuels

Chaque femme est unique, et ce qui fonctionne pour une personne peut ne pas être adapté à une autre. Les compléments qui semblent bénéfiques pour certains symptômes de la ménopause pourraient ne pas être nécessaires ou appropriés pour d'autres.

Coût et accessibilité

Les compléments alimentaires peuvent être coûteux, et toutes les femmes n'ont pas accès à des produits de qualité. Investir dans des compléments inefficaces ou inappropriés peut entraîner une perte financière non négligeable.

Il est essentiel pour les femmes en période de ménopause de faire des choix éclairés concernant les compléments alimentaires. Cela implique d'effectuer des recherches approfondies, de consulter des professionnels de santé et de rester sceptique face aux allégations marketing sans fondement scientifique. La meilleure approche consiste à privilégier une alimentation équilibrée et un mode de vie sain comme première ligne de défense contre les symptômes de la ménopause.

Choix des suppléments

Recherche de qualité : Sélectionnez des suppléments de haute qualité, idéalement certifiés par des tiers pour garantir leur pureté et leur concentration en ingrédients actifs.

Formes biodisponibles : Optez pour des suppléments dans des formes facilement absorbables par l'organisme pour maximiser leur efficacité.

Intégration dans la routine alimentaire

Consistance : Intégrez les suppléments dans votre routine quotidienne à des moments qui soutiennent leur absorption et leur efficacité. Par exemple, certains nutriments sont mieux absorbés avec les repas, tandis que d'autres peuvent être pris à jeun.

Combinaison avec des aliments : Associez les suppléments à des aliments qui peuvent en améliorer l'absorption. Par exemple, les vitamines liposolubles (A, D, E, K) sont mieux absorbées lorsqu'elles sont prises avec un repas contenant des graisses saines.

Division des doses : Pour les nutriments nécessitant de fortes doses, envisagez de diviser la dose tout au long de la journée pour améliorer l'absorption et minimiser les effets secondaires.

Surveillance et ajustement

Ecoutez votre corps : Soyez attentif aux réactions de votre corps aux suppléments et ajustez votre utilisation en fonction des effets observés et des changements dans vos besoins de santé.

Suivi médical : Continuez à consulter régulièrement un professionnel de santé pour évaluer l'efficacité des suppléments et ajuster les dosages au besoin.

Prudence et sécurité

Interactions médicamenteuses : Soyez conscient des potentielles interactions entre les suppléments et les médicaments que vous prenez déjà. Discutez-en avec votre médecin ou pharmacien.

Respect des dosages : Suivez les recommandations de dosage pour éviter les surdosages, qui peuvent entraîner des effets indésirables.

Intégrer les suppléments utiles dans l'alimentation quotidienne nécessite une approche réfléchie et personnalisée. En évaluant soigneusement vos besoins, en choisissant des produits de qualité, en incorporant les suppléments dans votre routine de manière stratégique, et en restant attentif aux réactions de votre corps, vous pouvez optimiser les bénéfices des suppléments pour votre santé pendant la ménopause. Toujours se rappeler que les suppléments sont là pour compléter, et non remplacer, une alimentation équilibrée et un mode de vie sain.

Les alliés naturels de la ménopause

La ménopause est une étape de la vie que chaque femme traverse à un moment donné. C'est une période de transition naturelle marquée par la fin de la fertilité et le déclin des niveaux d'œstrogènes. Pour de nombreuses femmes, la ménopause est synonyme de bouleversements hormonaux, de symptômes inconfortables et de changements physiologiques. Cependant, la nature, avec sa sagesse innée, offre un trésor de bienfaits à travers les plantes pour aider à atténuer ces défis et à favoriser une transition en douceur vers cette nouvelle phase de la vie.

Les plantes médicinales, riches en phytœstrogènes, sont l'une des ressources les plus précieuses pour les femmes ménopausées. Les phytœstrogènes sont des composés naturels qui imitent l'action des œstrogènes dans le corps. Ils se trouvent dans diverses plantes, notamment le soja, le trèfle rouge, le lin et le houblon. Les bienfaits de ces plantes pour la santé des femmes ménopausées sont nombreux.

Tout d'abord, les phytœstrogènes peuvent contribuer à atténuer les bouffées de chaleur et les sueurs nocturnes, deux symptômes courants de la ménopause. En imitant partiellement l'effet des œstrogènes, ils aident à maintenir l'équilibre hormonal, ce qui peut réduire l'intensité et la fréquence de ces symptômes gênants.

De plus, ces composés végétaux peuvent avoir un effet bénéfique sur la santé osseuse. Après la ménopause, la densité osseuse a tendance à diminuer, augmentant le risque d'ostéoporose. Les phytœstrogènes peuvent aider à maintenir la densité osseuse en stimulant la formation de nouvelles cellules osseuses et en ralentissant la dégradation osseuse.

Les plantes contenant des phytœstrogènes ne sont pas seulement utiles pour le soulagement des symptômes et la santé osseuse, elles ont également un impact positif sur la santé cardiovasculaire. Les niveaux d'œstrogènes ayant tendance à diminuer pendant la ménopause, les risques de maladies cardiaques augmentent. Les phytœstrogènes peuvent aider à maintenir un équilibre hormonal sain, contribuant ainsi à la protection du cœur.

Outre les phytœstrogènes, de nombreuses autres plantes offrent des bienfaits pour les femmes ménopausées. Par exemple, la sauge est connue pour ses propriétés calmantes et peut aider à réduire les bouffées de chaleur. Le gattilier, une plante traditionnellement utilisée en phytothérapie, peut contribuer à réguler les cycles hormonaux et atténuer les fluctuations d'humeur.

Il est important de noter que l'utilisation de plantes médicinales pour soulager les symptômes de la ménopause devrait être entreprise avec prudence. Il est recommandé de consulter un professionnel de la santé ou un praticien de médecine naturelle pour obtenir des conseils personnalisés et assurer une utilisation sécuritaire et efficace des plantes.

Les plantes médicinales offrent un éventail de bienfaits précieux pour les femmes ménopausées. Leurs phytœstrogènes, leurs propriétés apaisantes et leurs effets positifs sur la santé osseuse et cardiovasculaire font d'elles des alliées importantes pendant cette phase de transition. En combinant une alimentation équilibrée, un mode de vie sain et l'utilisation judicieuse des plantes, les femmes ménopausées peuvent aborder cette étape de la vie avec confiance et sérénité. La nature, une fois de plus, nous offre ses merveilles pour favoriser le bien-être à chaque étape de notre voyage.

Les huiles essentielles

Certaines huiles essentielles peuvent offrir des bienfaits pour les femmes ménopausées, notamment en aidant à soulager les symptômes courants tels que les bouffées de chaleur, les troubles du sommeil et le stress. Cependant, il est essentiel de les utiliser avec précaution et de consulter un professionnel de la santé ou un aromathérapeute avant de les utiliser, car les huiles essentielles sont puissantes et doivent être manipulées avec soin. Voici trois exemples d'huiles essentielles bénéfiques pour la femme ménopausée :

Sauge sclarée (Salvia sclarea)

L'huile essentielle de sauge sclarée est souvent recommandée pour aider à réguler les fluctuations hormonales pendant la ménopause.

Elle peut aider à réduire les bouffées de chaleur et à équilibrer les niveaux d'œstrogènes.

Pour l'utiliser, diluez quelques gouttes d'huile essentielle de sauge sclarée dans une huile végétale (comme l'huile de coco ou l'huile d'amande douce) et massez doucement sur la peau, de préférence sur le ventre ou la plante des pieds. Vous pouvez également ajouter quelques gouttes à un bain chaud pour un bain relaxant.

Lavande (Lavandula angustifolia) :

L'huile essentielle de lavande est célèbre pour ses propriétés apaisantes et relaxantes.

Elle peut être utile pour réduire le stress, améliorer la qualité du sommeil et favoriser la détente pendant la ménopause.

Vous pouvez diffuser quelques gouttes d'huile essentielle de lavande dans votre chambre avant de vous coucher pour favoriser un sommeil paisible. Elle peut également être diluée dans une huile de support et massée sur la peau.

Géranium rosat (Pelargonium graveolens)

L'huile essentielle de géranium rosat est réputée pour ses propriétés équilibrantes sur les hormones.

Elle peut aider à atténuer les symptômes de la ménopause tels que les bouffées de chaleur et les sautes d'humeur.

Diluez quelques gouttes d'huile essentielle de géranium rosat dans une huile de support et massez doucement sur la peau, en particulier sur le ventre ou la poitrine.

Cyprès vert

Utile pour ses propriétés régulatrices hormonales.

Anis vert

Connu pour ses effets équilibrants sur les hormones.

Menthe poivrée

Peut aider à soulager les bouffées de chaleur grâce à ses propriétés rafraîchissantes.

Niaouli

Complémentaire à la Sauge Sclarée, cette huile aide également à équilibrer les hormones.

Lentisque pistachier

Utile pour son action sur la circulation sanguine et la diminution des bouffées de chaleur.

Marjolaine à coquilles

Possède des propriétés calmantes et peut aider à gérer le stress et l'irritabilité.

Hélichryse (Immortelle)

Aide à la circulation et peut atténuer les bouffées de chaleur.

Huile d'onagre

Bien que ce ne soit pas une huile essentielle, elle est souvent utilisée en synergie avec d'autres huiles pour ses effets bénéfiques sur les déséquilibres hormonaux.

Rose musquée

Connue pour ses effets sur la peau, elle peut aussi aider à gérer la sécheresse cutanée.

Utilisation des huiles essentielles et précautions

Utilisez les huiles diluées dans une huile végétale comme l'huile d'olive ou d'amande douce pour éviter l'irritation de la peau.

Faites un test cutané avant l'utilisation pour vérifier les allergies.

Certaines huiles, comme la Sauge Sclarée, ne sont pas recommandées pour les femmes ayant des antécédents de pathologies hormono-dépendantes (comme le cancer du sein œstrogéno-dépendant).

Consultez un professionnel de santé avant d'utiliser des huiles essentielles, surtout si vous avez des conditions médicales ou prenez des médicaments.

Ces huiles peuvent être utilisées de différentes manières : application locale, inhalation, ou ajout dans le bain. Chaque huile a ses spécificités et il est important de respecter les recommandations d'utilisation pour en tirer le meilleur parti tout en minimisant les risques.

Pour plus d'informations détaillées, vous pouvez consulter des sites comme « Compagnie des Sens » et « Aroma-Zone ».

Plantes et infusions

Dans le jardin secret de la ménopause, les plantes et les infusions sont un peu comme des super-héros discrets. Elles regorgent de vertus qui peuvent transformer votre expérience ménopausique. Mais comme dans toute bonne histoire de super-héros, il y a des mises en garde à prendre en compte.

Actée à grappes noires : la vigilante de la nuit

L'actée à grappes noires est célèbre pour son action sur les bouffées de chaleur et les troubles du sommeil. Selon une étude de l'Université de Lyon, elle serait efficace pour réduire la fréquence et l'intensité des bouffées de chaleur. C'est un peu comme avoir un garde du corps personnel contre les assauts nocturnes de la chaleur.

Le trèfle rouge : l'artiste de l'équilibre hormonal

Le trèfle rouge, riche en isoflavones, est considéré comme un modulateur naturel des hormones. L'Université de Milan a découvert que le trèfle rouge pouvait aider à atténuer les symptômes liés à la baisse des œstrogènes. Il est comme un artiste équilibrant délicatement vos hormones sur son fil.

La camomille : la douceur relaxante

La camomille n'est pas juste pour les bébés. Elle est aussi une alliée pour les femmes en ménopause. Ses propriétés calmantes et relaxantes, mises en avant par l'Université de Coimbra, en font une excellente option pour apaiser le stress et favoriser un sommeil réparateur.

Le ginseng : l'énergisant naturel

Le ginseng est connu pour ses propriétés tonifiantes. Une recherche de l'Université de Berlin a démontré son efficacité pour améliorer le bien-être général et l'énergie. Il est comme un coup de pouce énergétique lors de vos journées ménopausiques.

Aubépine : le calmant du cœur

L'aubépine est réputée pour son action bénéfique sur le cœur et le système cardiovasculaire. Une étude de l'Université de Francfort a montré que l'aubépine peut aider à réguler la tension artérielle et réduire l'anxiété.

Millepertuis : le lutteur contre la mélancolie

Le millepertuis est souvent utilisé pour soulager la dépression légère à modérée. L'Université de Londres a noté son efficacité, mais aussi ses interactions potentielles avec d'autres médicaments. Prudence est donc de mise.

Sauge officinale : la rafraîchissante

La sauge officinale est une alliée contre les bouffées de chaleur et la transpiration excessive. Une recherche de l'Université de

Genève a confirmé ses propriétés rafraîchissantes et régulatrices de température.

Houblon : le relaxant naturel

Le houblon, plus connu pour son rôle dans la bière, possède des propriétés calmantes. Selon l'Université de Munich, il peut aider à améliorer la qualité du sommeil chez les femmes ménopausées.

Gattilier : l'équilibreur hormonal

Le gattilier est considéré comme un régulateur hormonal naturel. Des études de l'Université de Hambourg ont mis en évidence son rôle potentiel dans l'équilibrage des hormones féminines.

Onagre : l'apaisant de la peau

L'huile d'onagre est souvent recommandée pour ses bienfaits sur la peau et les troubles hormonaux. L'Université de Copenhague a étudié son efficacité dans le traitement des symptômes de la ménopause, comme la sécheresse cutanée.

Valériane : l'architecte du sommeil

La valériane est célèbre pour ses propriétés sédatives. L'Université de Berne a trouvé qu'elle peut être utile pour traiter l'insomnie liée à la ménopause.

Graines de lin : les gardiennes des oméga-3

Riches en oméga-3 et en lignanes, les graines de lin sont étudiées pour leurs effets bénéfiques sur les symptômes de la ménopause, comme l'a démontré l'Université d'Oslo.

Ortie : la fortifiante

L'ortie est une source riche en minéraux et est utilisée pour soutenir la santé des os et la vitalité générale, selon des recherches de l'Université de Vienne.

Cassis : l'anti-inflammatoire naturel

Le cassis a des propriétés anti-inflammatoires, utiles pour lutter contre les douleurs articulaires, comme le rapporte l'Université de Helsinki.

Prêle : la consolidatrice des os

Riche en silice, la prêle est utilisée pour renforcer les os et les tissus conjonctifs, d'après une étude de l'Université de Padoue.

Mise en garde : prudence et expertise

Attention, toutes les plantes ne sont pas sans danger. Bien que ces plantes offrent de nombreux bienfaits, il est crucial de les utiliser avec prudence. Certaines peuvent interagir avec des médicaments ou avoir des effets indésirables. Toujours consulter un praticien reconnu avant de les intégrer à votre régime.

Les plantes et les infusions peuvent être des compagnons merveilleux pendant la ménopause, mais comme dans un jardin botanique, il est préférable de les explorer avec les conseils d'un expert.

Les algues : les super-héroïnes de la mer

Plongeons dans l'océan fascinant des algues, où ces super-héroïnes de la mer offrent leurs bienfaits insoupçonnés pour naviguer sur les vagues tumultueuses de la ménopause. Mais avant de vous jeter à l'eau, n'oublions pas de revêtir notre gilet de sauvetage scientifique !

La spiruline : l'énergisante

La spiruline, cette micro-algue bleu-vert, est une véritable bombe nutritionnelle. Riche en protéines, vitamines et minéraux, elle est un booster d'énergie. L'Université de Cambridge a démontré ses effets bénéfiques sur l'énergie et l'immunité, ce qui peut être un grand soutien pendant la ménopause, où la fatigue se fait souvent sentir.

La chlorella : la détoxifiante

La chlorella, une autre micro-algue, est connue pour ses propriétés détoxifiantes. Selon une étude de l'Université de Berlin, elle aide à éliminer les métaux lourds et autres toxines du corps, ce qui est particulièrement utile lorsque vous cherchez à maintenir un organisme sain et équilibré pendant la ménopause.

Les algues brunes : les régulatrices hormonales

Les algues brunes, comme le fucus et le kelp, sont riches en iode, un élément clé pour la santé thyroïdienne. L'Université d'Edimbourg a révélé leur rôle dans la régulation de la fonction thyroïdienne, ce qui peut influencer positivement les symptômes de la ménopause.

Les algues rouges : les fortifiantes des os

Les algues rouges, comme la nori ou le dulse, sont appréciées pour leur teneur en calcium. L'Université de Lisbonne a étudié leur contribution à la santé osseuse, un aspect crucial pendant la ménopause, période où le risque d'ostéoporose augmente.

Mise en garde : naviguer avec prudence

Toutefois, les algues ne sont pas dépourvues de risques. Une consommation excessive, surtout d'algues riches en iode comme le kelp, peut déséquilibrer la fonction thyroïdienne, surtout si vous avez des troubles thyroïdiens existants. De plus, la qualité et la source des algues sont primordiales pour éviter la contamination par des polluants. L'Université de Barcelone conseille de choisir des algues issues de sources fiables et de toujours consulter un professionnel de santé avant de les intégrer à votre alimentation.

Les algues peuvent être d'excellentes alliées pour aborder la ménopause avec sérénité et vitalité. Cependant, comme pour une plongée en mer, il est essentiel de connaître vos limites et de vous équiper correctement.

Thérapies complémentaires

L'acupuncture

L'acupuncture, issue de la médecine traditionnelle chinoise, est une méthode thérapeutique qui consiste à insérer de fines aiguilles dans des points spécifiques du corps pour rétablir l'équilibre énergétique. Elle est de plus en plus reconnue comme une thérapie complémentaire efficace pour la gestion des symptômes de la ménopause. Ces bienfaits ont été explorés dans plusieurs études scientifiques, confirmant son utilité pour soulager divers inconforts liés à cette phase de transition.

Comment l'acupuncture fonctionne-t-elle ?

Selon la médecine traditionnelle chinoise, la ménopause est liée à un déséquilibre énergétique dans les méridiens (canaux d'énergie) du corps, souvent causé par un déclin du Yin (énergie de repos et de refroidissement) et une prédominance du Yang (énergie active et chauffante). Ce déséquilibre peut provoquer des symptômes tels que les bouffées de chaleur, les troubles du sommeil, ou encore l'anxiété.

L'acupuncture vise à :

- Restaurer l'équilibre énergétique du corps.

- Stimuler la production naturelle d'endorphines et de sérotonine pour améliorer l'humeur et réduire la douleur.

- Influencer le système nerveux autonome pour diminuer les réponses excessives au stress.

Les bienfaits de l'acupuncture pour la ménopause

1. Réduction des bouffées de chaleur et des sueurs nocturnes

L'un des symptômes les plus courants de la ménopause, les bouffées de chaleur, peut être atténué par l'acupuncture. Une méta-analyse publiée dans **Menopause: The Journal of The North American Menopause Society** a montré que l'acupuncture réduit significativement la fréquence et l'intensité des bouffées de chaleur et des sueurs nocturnes.

Les points d'acupuncture spécifiques, tels que *Kidney 3* (Rin-3) ou *Spleen 6* (Rate-6), sont souvent stimulés pour équilibrer les énergies internes et calmer les vagues de chaleur.

2. Amélioration du sommeil

Les troubles du sommeil, tels que l'insomnie ou les réveils fréquents, sont fréquents pendant la ménopause. L'acupuncture peut favoriser un sommeil plus réparateur en calmant le système nerveux et en réduisant le stress. Une étude publiée dans **Sleep Medicine** a révélé que les femmes ménopausées ayant reçu de l'acupuncture avaient une amélioration significative de la qualité de leur sommeil.

Les points couramment utilisés incluent *Heart 7* (Cœur-7) et *Yin Tang* (point entre les sourcils), qui sont connus pour leurs propriétés relaxantes.

3. Soulagement de l'anxiété et de l'irritabilité

Les fluctuations hormonales peuvent entraîner des sautes d'humeur, de l'irritabilité, et de l'anxiété. L'acupuncture aide à réguler la production de neurotransmetteurs, tels que la sérotonine et le GABA, pour stabiliser l'humeur. Une étude dans *Acupuncture in Medicine* a montré que l'acupuncture peut réduire l'anxiété liée à la ménopause en agissant sur le système nerveux parasympathique.

4. Diminution des douleurs et tensions musculaires

Les douleurs articulaires et les tensions musculaires sont également fréquentes pendant la ménopause. L'acupuncture stimule la circulation sanguine et aide à relâcher les muscles tendus, réduisant ainsi les douleurs. Elle peut également être bénéfique pour soulager les maux de tête ou les migraines.

5. Soutien à la santé générale

En agissant sur l'équilibre énergétique global, l'acupuncture peut soutenir d'autres aspects de la santé, notamment :

- La régulation de la digestion, en cas de ballonnements ou constipation.

- Le renforcement du système immunitaire.

- L'amélioration de l'énergie et la réduction de la fatigue.

Ce que disent les études

Les recherches scientifiques appuient les bienfaits de l'acupuncture pour la ménopause :

- L'article de *AlloDocteurs* intitulé **"L'acupuncture, efficace contre les effets de la ménopause ?"** présente les propos du Dr Alain Tamborini, gynécologue, qui souligne que, bien que l'acupuncture ne peut pas soigner la ménopause, elle

peut aider à atténuer certains de ses symptômes
fonctionnels.

Précautions et conseils

- **Consulter un praticien qualifié** : Assurez-vous de
  consulter un acupuncteur formé et agréé.

- **Patience nécessaire** : Les résultats peuvent ne pas être
  immédiats. Un traitement consiste souvent en plusieurs
  séances (entre 6 et 12) pour des bénéfices durables.

- **Effets secondaires minimaux** : L'acupuncture est
  généralement sûre, mais il peut y avoir des rougeurs ou des
  légères douleurs au site des aiguilles. Informez toujours le
  praticien de vos antécédents médicaux.

L'homéopathie

L'homéopathie, une pratique fondée sur l'utilisation de
substances diluées pour stimuler les capacités d'auto-guérison
du corps, est une thérapie complémentaire souvent choisie par
les femmes pour gérer les symptômes de la ménopause. Bien que
controversée dans certains cercles scientifiques, l'homéopathie
reste populaire en raison de son approche personnalisée et de son
profil d'effets secondaires minimes. Elle offre une option non
hormonale pour soulager divers inconforts liés à cette transition.

Principe de l'homéopathie

L'homéopathie repose sur le principe du "semblable guérit le semblable" : une substance capable de provoquer certains symptômes dans des doses concentrées peut, lorsqu'elle est diluée, aider à les traiter. Les remèdes homéopathiques sont fabriqués à partir de substances naturelles d'origine végétale, minérale ou animale, et sont dilués à des concentrations très faibles.

Chaque remède est choisi en fonction d'une évaluation holistique des symptômes physiques, émotionnels et psychologiques de la patiente, ce qui rend l'approche personnalisée et adaptable aux besoins individuels.

Les bienfaits de l'homéopathie pour la ménopause

1. Réduction des bouffées de chaleur

Les bouffées de chaleur, parmi les symptômes les plus courants de la ménopause, peuvent être atténuées avec des remèdes spécifiques comme :

- **Lachesis mutus** : Indiqué pour les bouffées de chaleur intenses, accompagnées de rougeurs et de transpiration, souvent aggravées par des vêtements serrés.

- **Sepia** : Utilisé lorsque les bouffées de chaleur sont associées à de la fatigue et à de l'irritabilité.

- **Belladonna** : Recommandé pour les bouffées de chaleur soudaines et sévères, accompagnées de rougeur du visage et d'une sensation de chaleur intense.

2. Gestion des troubles du sommeil

Les troubles du sommeil, comme l'insomnie et les réveils nocturnes, sont fréquents pendant la ménopause. L'homéopathie peut aider à rétablir un cycle de sommeil plus régulier grâce à des remèdes tels que :

- **Coffea cruda** : Pour les femmes ayant du mal à s'endormir en raison d'un esprit hyperactif.

- **Nux vomica** : Indiqué lorsque le sommeil est perturbé par des réveils précoces ou des troubles digestifs.

- **Ignatia amara** : Conseillé en cas d'insomnie liée à un stress émotionnel ou à une tension nerveuse.

3. Stabilisation de l'humeur

Les fluctuations hormonales de la ménopause peuvent provoquer de l'irritabilité, de l'anxiété et des sautes d'humeur. Les remèdes homéopathiques suivants peuvent apporter un soutien :

- **Ignatia amara** : Pour les femmes confrontées à de l'anxiété ou des symptômes dépressifs légers, souvent accompagnés de pleurs ou de nervosité.

- **Sepia** : Particulièrement utile pour les femmes se sentant épuisées, irritables, et déconnectées de leur entourage.

- **Pulsatilla** : Recommandé pour les sautes d'humeur fréquentes, surtout si elles sont associées à un besoin de réconfort et de soutien.

4. Soulagement des douleurs et tensions

L'homéopathie peut également soulager les douleurs musculaires et articulaires, qui deviennent parfois plus fréquentes pendant la ménopause :

- **Rhus toxicodendron** : Pour les raideurs articulaires aggravées au repos, souvent améliorées par le mouvement.

- **Bryonia** : Conseillé en cas de douleurs articulaires qui s'aggravent avec le mouvement.

- **Arnica montana** : Utilisé pour les douleurs musculaires et la sensation de courbatures.

5. Gestion des fringales

Les fringales, souvent amplifiées par les fluctuations hormonales pendant la ménopause, peuvent être sources d'inconfort et de prise de poids. L'homéopathie peut aider à les maîtriser en régulant les signaux d'appétit et en calmant les envies compulsives de certains aliments, comme le sucré ou le gras.

- **Argentum nitricum** : Recommandé pour les envies incontrôlables de sucreries, souvent associées à de l'anxiété ou du stress.

- **Calcarea carbonica** : Indiqué pour les femmes qui ressentent un besoin de manger fréquemment, en particulier des aliments riches en glucides, et qui ont une tendance à la prise de poids.

- **Sulfur** : Utile pour les fringales persistantes et les envies de plats épicés ou riches, surtout en cas de sensation de chaleur corporelle excessive.

En agissant sur les mécanismes émotionnels et physiologiques des fringales, ces remèdes permettent de retrouver une relation plus sereine avec la nourriture.

6. Aide à la gestion du poids

La prise de poids est une préoccupation fréquente pendant la ménopause, souvent due à un métabolisme ralenti, une redistribution des graisses corporelles, et une diminution de l'activité physique. L'homéopathie peut être un soutien pour réguler ces processus et aider à maintenir un poids santé.

- **Graphites** : Indiqué pour les femmes qui prennent du poids lentement, surtout au niveau de l'abdomen et des cuisses, et qui souffrent de troubles digestifs comme la constipation ou les ballonnements.

- **Lycopodium clavatum** : Efficace pour celles qui prennent du poids malgré un appétit modéré, souvent accompagné de ballonnements et d'une tendance à l'inflammation.

- **Fucus vesiculosus** : Un remède couramment utilisé pour soutenir le métabolisme en cas d'hypothyroïdie légère, qui peut survenir pendant la ménopause et contribuer à la prise de poids.

- **Antimonium crudum** : Conseillé pour les femmes sujettes à une prise de poids liée à des excès alimentaires, notamment les repas copieux ou riches en graisses.

En accompagnant des ajustements dans l'alimentation et l'activité physique, ces remèdes homéopathiques peuvent favoriser une gestion du poids plus harmonieuse, sans stress ni restriction excessive.

7. Amélioration des symptômes généraux

L'homéopathie prend également en charge des symptômes tels que :

- **Sécheresse vaginale** : *Sepia* ou *Natrum muriaticum* peuvent être utiles pour soulager la sensation de sécheresse.

- **Troubles digestifs** : *Nux vomica* ou *Lycopodium* peuvent aider à réduire les ballonnements, les gaz, ou les constipations liés à la ménopause.

- **Fatigue chronique** : *Phosphoricum acidum* ou *China* sont souvent utilisés pour restaurer l'énergie.

Ce que disent les études

Bien que les preuves scientifiques solides sur l'homéopathie soient limitées, certaines études rapportent des bienfaits pour la gestion des symptômes de la ménopause :

- Le site **MenoPower** souligne que l'homéopathie offre une approche personnalisée pour traiter les symptômes de la ménopause, en tenant compte des aspects spécifiques de chaque patiente afin de trouver un remède adapté. Cette méthode vise à stimuler les mécanismes d'auto-guérison du corps, avec des remèdes adaptés aux symptômes spécifiques de chaque femme, tels que les bouffées de chaleur, les troubles du sommeil et les sautes d'humeur.
- Le livre **"L'homéopathie pour bien vivre la ménopause"** de la gynécologue française **Evelyne Majer-Julian** offre une approche détaillée des traitements homéopathiques pour les troubles liés à la ménopause. Fille du célèbre

homéopathe Othon-André Julian, l'auteure partage son expérience de plus de quarante ans en gynécologie, abordant des sujets tels que les bouffées de chaleur, les troubles de l'humeur, la sexualité, la prise de poids, et les complications majeures comme l'ostéoporose et l'athérosclérose. Elle propose des solutions alternatives au traitement hormonal substitutif, incluant des thérapies homéopathiques détaillées, l'utilisation de remèdes spécifiques, ainsi que des conseils en gemmothérapie et phytothérapie.

Précautions et conseils

- **Consultation personnalisée** : L'efficacité de l'homéopathie repose sur une évaluation individualisée. Il est essentiel de consulter un homéopathe qualifié pour identifier les remèdes appropriés.

- **Effets secondaires** : L'homéopathie est généralement sans danger, mais un mauvais choix de remède peut être inefficace. Toujours informer votre médecin de tout traitement en cours pour éviter d'éventuelles interactions.

- **Approche complémentaire** : L'homéopathie ne remplace pas un suivi médical conventionnel, notamment en cas de symptômes sévères ou de maladies associées à la ménopause, comme l'ostéoporose ou les maladies cardiovasculaires.

Le drainage lymphatique

Le drainage lymphatique est une technique de massage doux qui stimule le système lymphatique, responsable de l'élimination des toxines et des déchets du corps. Pendant la ménopause, où les fluctuations hormonales peuvent entraîner une rétention d'eau, des ballonnements, ou une sensation de lourdeur corporelle, cette pratique offre une approche complémentaire pour améliorer le bien-être général. Basé sur des mouvements spécifiques et délicats, le drainage lymphatique vise à réactiver la circulation des fluides et à soutenir les processus naturels de détoxification du corps.

Les bienfaits du drainage lymphatique pour la ménopause

1. Réduction de la rétention d'eau

Les changements hormonaux de la ménopause, en particulier la diminution des œstrogènes, peuvent provoquer une rétention d'eau, entraînant des gonflements, notamment au niveau des jambes, des chevilles, et du visage. Le drainage lymphatique favorise le mouvement des fluides accumulés dans les tissus, réduisant ainsi les sensations de gonflement et d'inconfort.

- **Comment cela fonctionne** : Par des pressions légères et rythmées sur les zones ciblées, le massage stimule les vaisseaux lymphatiques, facilitant l'élimination des excès de liquide via le système lymphatique.

- **Bénéfices** : Sensation de légèreté, réduction des jambes lourdes, et amélioration du confort général.

2. Stimulation du système immunitaire

Pendant la ménopause, le système immunitaire peut devenir moins efficace, exposant certaines femmes à des infections fréquentes ou à une récupération plus lente après des maladies. Le drainage lymphatique aide à renforcer l'immunité en améliorant la circulation des lymphocytes, qui jouent un rôle clé dans la défense contre les infections.

3. Amélioration de la circulation sanguine

Le drainage lymphatique favorise également la circulation sanguine en stimulant les petits vaisseaux capillaires. Cela peut être bénéfique pour les femmes ménopausées qui souffrent de mauvaise circulation, de varices, ou de sensations de froid dans les extrémités.

4. Gestion du stress et relaxation

Le massage lymphatique est réputé pour ses effets relaxants, ce qui peut être particulièrement utile pour les femmes ménopausées souffrant de stress, d'anxiété, ou de troubles du sommeil. La combinaison de mouvements doux et de respiration profonde favorise un état de détente et aide à apaiser le système nerveux.

5. Soutien à la gestion du poids

Pendant la ménopause, les changements hormonaux et le ralentissement métabolique peuvent entraîner une prise de poids, souvent associée à une accumulation de toxines dans le corps. Le drainage lymphatique aide à :

- **Éliminer les toxines** : En activant la circulation lymphatique, il facilite le processus naturel de détoxification.

- **Réduire les ballonnements** : En atténuant la rétention d'eau et les gonflements, il peut contribuer à un sentiment de légèreté.

6. Soulagement des douleurs et tensions

Les douleurs articulaires et musculaires, fréquentes pendant la ménopause, peuvent être atténuées grâce au drainage lymphatique. En améliorant la circulation des fluides et en réduisant les inflammations locales, cette technique peut apporter un soulagement aux femmes souffrant de tensions ou de raideurs corporelles.

Etudes et efficacité

Des recherches sur le drainage lymphatique montrent des effets positifs, notamment :

- L'article intitulé "**Drainage lymphatique et ménopause : quelle utilité, quels effets**" publié sur le site *C'est du Joli !* examine les bienfaits du drainage lymphatique, notamment selon la méthode Renata França, pour atténuer les symptômes de la ménopause. Il souligne que cette technique peut aider à réduire la rétention d'eau, les sensations de lourdeur et les gonflements souvent associés à la ménopause.

Précautions et conseils

- **Consulter un praticien certifié** : Le drainage lymphatique doit être réalisé par un thérapeute qualifié pour garantir son efficacité et éviter tout risque de mauvaise manipulation.

- **Contre-indications** : Cette technique est déconseillée en cas de thrombose veineuse profonde, d'infection aiguë, ou de cancer actif.

- **Régularité** : Pour des résultats durables, plusieurs séances peuvent être nécessaires, en complément d'un mode de vie sain (alimentation équilibrée, hydratation, et exercice modéré).

Techniques de relaxation et de gestion du stress

La méditation et la pleine conscience

La méditation et la pleine conscience sont des pratiques de relaxation et de gestion du stress particulièrement bénéfiques pour les femmes en ménopause. Ces approches, centrées sur l'attention au moment présent et la régulation des pensées et émotions, aident à mieux gérer les symptômes physiques et émotionnels liés à cette transition hormonale. En offrant un espace de calme et de recentrage, elles permettent de mieux vivre cette phase de vie tout en favorisant un bien-être global.

Qu'est-ce que la méditation et la pleine conscience ?

- **Méditation** : Une pratique consistant à entraîner l'esprit à se concentrer, souvent sur la respiration, un son, ou un mot, afin de calmer les pensées et d'induire un état de relaxation profonde.

- **Pleine conscience (Mindfulness)** : Une forme spécifique de méditation qui consiste à être pleinement présent dans le moment, en observant ses sensations, pensées, et émotions sans jugement.

Ces pratiques s'inscrivent dans une approche holistique qui connecte le corps, l'esprit, et les émotions pour mieux faire face

aux défis de la vie quotidienne, y compris ceux associés à la
ménopause.

Les bienfaits de la méditation et de la pleine conscience pour la ménopause

1. Réduction du stress et de l'anxiété

Les fluctuations hormonales pendant la ménopause peuvent
accentuer le stress, l'anxiété, et les troubles de l'humeur. La
méditation et la pleine conscience aident à réduire ces
symptômes en calmant l'esprit et en abaissant les niveaux de
cortisol, l'hormone du stress.

- **Comment cela fonctionne** : En se concentrant sur le
  moment présent, ces techniques permettent de diminuer
  les pensées envahissantes et de se libérer de l'anxiété liée
  à l'avenir ou aux regrets passés.

- **Résultat** : Une meilleure gestion des émotions, un
  sentiment de paix intérieure, et une résilience accrue face
  aux défis quotidiens.

2. Amélioration du sommeil

Les troubles du sommeil, comme l'insomnie ou les réveils
nocturnes, sont fréquents pendant la ménopause. La méditation
et la pleine conscience peuvent favoriser un sommeil plus
réparateur.

- **Méditation avant le coucher** : Une pratique de relaxation
  avant de dormir aide à calmer l'esprit et à détendre le
  corps, réduisant ainsi les difficultés d'endormissement.

- **Pleine conscience pendant la journée** : Elle favorise une meilleure régulation des pensées stressantes qui peuvent interférer avec le sommeil.

3. Gestion des bouffées de chaleur

Les bouffées de chaleur, l'un des symptômes les plus perturbants de la ménopause, peuvent être atténuées par la méditation et la pleine conscience.

- **Mécanisme** : En apprenant à reconnaître les sensations corporelles sans réagir avec panique ou inconfort, ces pratiques aident à mieux tolérer les bouffées de chaleur.

- **Résultat** : Une diminution de l'intensité perçue des bouffées de chaleur et une meilleure gestion des symptômes vasomoteurs.

Des recherches parues dans la revue **Menopause** (New York, feb. 2011) : *Mindfulness Training for Coping with Hot Flashes: Results of a Randomized Trial,* ont montré que les femmes pratiquant la pleine conscience signalaient une amélioration des symptômes vasomoteurs, du stress perçu, de l'anxiété, du sommeil et de la qualité de vie globale.

4. Amélioration de l'humeur

Les sautes d'humeur, l'irritabilité, et la dépression légère, souvent exacerbées par les changements hormonaux, peuvent être gérées grâce à ces pratiques.

- **Effets positifs** : La méditation stimule la production de sérotonine et d'endorphines, contribuant à une humeur plus stable et positive.

- **Pleine conscience et auto-compassion** : Ces pratiques permettent de développer une attitude bienveillante envers soi-même, essentielle pour traverser les changements corporels et émotionnels avec sérénité.

5. Réduction des douleurs chroniques

Les douleurs musculaires et articulaires, parfois associées à la ménopause, peuvent être atténuées grâce à la méditation. La pleine conscience aide à moduler la perception de la douleur, en augmentant la tolérance et en diminuant l'inconfort, comme le souligne l'article **La méditation de pleine conscience et la gestion de la douleur**, sur le site **https://blogue.physioextra.ca/fr.**

Intégrer la méditation et la pleine conscience dans la vie quotidienne

- **Pratiques simples** :
    - Méditer 5 à 10 minutes par jour, en se concentrant sur la respiration.
    - Pratiquer la pleine conscience pendant des activités quotidiennes, comme manger ou marcher.
- **Applications et ressources** : Des applications comme *Headspace* ou *Calm* peuvent aider à débuter, tout comme des séances guidées disponibles en ligne.

- **En groupe ou avec un guide** : Participer à des cours de
  méditation ou de pleine conscience peut fournir un soutien
  supplémentaire et une motivation.

Etudes et efficacités

- *L'article intitulé "**Contre les troubles de la ménopause, la
  méditation de pleine conscience**" publié par L'Alsace le
  18 septembre 2021, explore les bienfaits de la méditation
  de pleine conscience pour atténuer les symptômes de la
  ménopause. Il souligne que cette pratique peut réduire les
  bouffées de chaleur, l'anxiété et les troubles du sommeil en
  aidant les femmes à mieux gérer le stress et les émotions
  liés à cette période de transition. L'article cite des études
  démontrant l'efficacité de la pleine conscience dans
  l'amélioration de la qualité de vie des femmes
  ménopausées. Il mentionne également des programmes
  spécifiques qui ont montré des résultats prometteurs. En
  conclusion, l'article suggère que la méditation de pleine
  conscience est une approche complémentaire bénéfique
  pour les femmes cherchant à soulager les symptômes de la
  ménopause.*
- Le documentaire : **Ménopause, quand les femmes en
  parlent** de Julie Talon aborde la ménopause et évoque des
  approches comme la méditation pour gérer les
  symptômes.

Précautions

Bien que ces pratiques soient sûres et adaptées à la majorité des
personnes, il est important de progresser à son rythme, surtout si
des troubles émotionnels intenses sont présents. En cas de

doute, il est conseillé de demander l'avis d'un professionnel de santé ou d'un enseignant qualifié.

Yoga et Tai Chi

Le yoga et le tai chi, deux disciplines corps-esprit ancestrales, offrent des bienfaits significatifs pour les femmes en ménopause. En combinant des mouvements doux, des exercices de respiration, et une attention particulière au moment présent, ces pratiques aident à gérer les symptômes physiques, émotionnels, et mentaux liés à cette transition hormonale. Leur approche holistique favorise une harmonie entre le corps et l'esprit, ce qui peut être particulièrement bénéfique pendant une période marquée par des bouleversements.

Qu'est-ce que le yoga et le tai chi ?

- **Yoga** : Une pratique originaire de l'Inde, centrée sur des postures physiques (asanas), des exercices de respiration (pranayama), et des techniques de méditation. Elle vise à renforcer le corps, à apaiser l'esprit, et à améliorer la flexibilité et l'équilibre.

- **Tai Chi** : Une discipline chinoise souvent qualifiée de « méditation en mouvement ». Elle repose sur des mouvements lents, fluides, et contrôlés, accompagnés d'une respiration profonde et d'une concentration mentale. Traditionnellement utilisé comme un art martial, il est aujourd'hui pratiqué pour ses bienfaits sur la santé et la relaxation.

Les bienfaits du yoga et du tai chi pour la ménopause

1. Gestion des bouffées de chaleur

Les mouvements fluides du tai chi et les postures apaisantes du yoga peuvent aider à réguler la température corporelle et à diminuer l'intensité des bouffées de chaleur.

- **Yoga** : Des postures comme *Supta Baddha Konasana* (posture de la déesse allongée) ou *Savasana* (posture du cadavre) aident à calmer le système nerveux et à réduire la sensation de chaleur.

- **Tai Chi** : La pratique régulière équilibre l'énergie interne (Qi), réduisant les excès de chaleur perçus par le corps.

2. Amélioration du sommeil

Les troubles du sommeil, fréquents pendant la ménopause, peuvent être atténués grâce au yoga et au tai chi. Ces pratiques favorisent la relaxation et aident à calmer l'esprit avant le coucher.

- **Yoga** : Les postures restauratives et les exercices de respiration lente, comme *Nadi Shodhana* (respiration alternée), induisent un état de calme propice à un sommeil réparateur.

- **Tai Chi** : Les mouvements doux, combinés à une respiration consciente, apaisent le système nerveux parasympathique, favorisant un endormissement plus rapide et un sommeil de meilleure qualité.

Plusieurs études publiées dans la revue **Menopause: The Journal of The North American Menopause Society** ont montré que la pratique du yoga améliore la qualité du sommeil chez les femmes ménopausées.

3. Réduction du stress et de l'anxiété

Le yoga et le tai chi aident à réduire les niveaux de cortisol
(l'hormone du stress) et à promouvoir un sentiment de calme et
de sérénité.

- **Mécanisme** : En encourageant une respiration profonde et
  en détournant l'attention des pensées stressantes, ces
  disciplines créent un espace mental apaisant.

- **Résultat** : Une diminution des symptômes de stress, des
  sautes d'humeur, et de l'irritabilité.

Une étude publiée dans *le Journal des Thérapies
Comportementales et Cognitives,* nommée *Effets du taï-chi-
chuan sur la santé psychique et physique* a révélé que les
femmes pratiquant le tai chi ressentaient une amélioration
significative de leur humeur et une réduction des symptômes liés
à l'anxiété.

4. Amélioration de la force et de la flexibilité

Les changements hormonaux de la ménopause peuvent entraîner
une perte musculaire et une diminution de la souplesse. Le yoga
et le tai chi renforcent le corps tout en améliorant la posture et la
mobilité.

- **Yoga** : Les asanas comme *Virabhadrasana* (posture du
  guerrier) ou *Trikonasana* (posture du triangle) augmentent
  la force musculaire et la flexibilité.

- **Tai Chi** : Les mouvements continus renforcent les muscles,
  améliorent la coordination, et préservent l'équilibre.

5. Prévention de l'ostéoporose

La ménopause est associée à une perte de densité osseuse en raison de la baisse des niveaux d'œstrogènes. Les pratiques de yoga et de tai chi, qui impliquent des mouvements de port de poids, peuvent aider à maintenir une bonne santé osseuse.

- **Yoga** : Les postures debout, comme *Vrksasana* (posture de l'arbre), stimulent la densité osseuse dans les jambes et les hanches.

- **Tai Chi** : Des mouvements comme le *Golden Rooster Stands on One Leg* (coq d'or sur une patte) renforcent les os et améliorent l'équilibre, réduisant ainsi le risque de chutes.

6. Soulagement des douleurs musculaires et articulaires

Le yoga et le tai chi améliorent la circulation sanguine et favorisent la relaxation musculaire, ce qui peut réduire les tensions et les douleurs souvent ressenties pendant la ménopause.

- **Yoga** : Des pratiques douces comme le yoga yin ou le yoga restauratif ciblent les zones de tension et favorisent une détente profonde.

- **Tai Chi** : La fluidité des mouvements aide à lubrifier les articulations et à réduire les douleurs liées à la raideur ou à l'arthrite.

Intégrer le yoga et le tai chi dans son quotidien

- **Yoga** :

    - Commencer par des cours pour débutants ou des vidéos guidées pour apprendre les postures et les alignements corrects.

    - Privilégier des styles doux comme le hatha yoga, le yin yoga, ou le yoga restauratif.

    - Pratiquer 15 à 30 minutes par jour pour en ressentir les bienfaits.

- **Tai Chi** :

    - Participer à des cours ou suivre des sessions en ligne pour maîtriser les mouvements.

    - Consacrer 20 à 30 minutes par jour, idéalement le matin, pour aligner le corps et l'esprit.

Etudes et efficacité

- Une étude dans *Journal of Women's Health* a montré que le yoga réduit les symptômes vasomoteurs (comme les bouffées de chaleur) et améliore le bien-être émotionnel.

- Le livre "**Bien vivre sa ménopause avec le yoga**" de Dinah Rodrigues est un guide pratique destiné aux femmes souhaitant traverser la ménopause de manière sereine. L'auteure y présente diverses postures et asanas, simples à réaliser chez soi, visant à rééquilibrer l'énergie et les hormones perturbées durant cette période. Elle y démontre qu'une pratique régulière de ces exercices promet des améliorations notables tant sur le plan physique qu'émotionnel.

Précautions et conseils

- **Consulter un professionnel** : Travailler avec un instructeur qualifié, en particulier au début, pour éviter les blessures.

- **Prendre son temps** : Commencer lentement et respecter les limites de son corps, surtout si des douleurs articulaires ou des raideurs sont présentes.

- **Ecoute de soi** : Adapter les mouvements en fonction de son niveau de confort et de ses besoins spécifiques.

Reiki et guérison par l'énergie

Le Reiki et les approches de guérison par l'énergie, issues des traditions spirituelles et holistiques, offrent un soutien complémentaire précieux pour gérer les symptômes physiques et émotionnels de la ménopause. En se basant sur le concept de flux énergétique dans le corps, ces pratiques visent à rétablir l'équilibre, à réduire le stress, et à améliorer le bien-être global.

Qu'est-ce que le reiki et la guérison par l'énergie ?

- **Reiki** : Une pratique japonaise de guérison énergétique qui utilise l'imposition des mains pour canaliser l'énergie universelle vers le corps, afin de rétablir son équilibre naturel. Le mot « Reiki » signifie « énergie spirituelle universelle » (*Rei* : esprit, *Ki* : énergie vitale).

- **Guérison par l'énergie** : Une approche plus générale qui inclut diverses techniques pour équilibrer l'énergie corporelle, comme le magnétisme, le toucher thérapeutique, ou le travail avec les chakras (centres énergétiques du corps).

Ces pratiques considèrent que les déséquilibres énergétiques peuvent contribuer à des inconforts physiques ou émotionnels, et cherchent à harmoniser l'énergie vitale pour favoriser la santé et le bien-être.

Les bienfaits du reiki et de la guérison par l'énergie pour la ménopause

1. Réduction du stress et de l'anxiété

La ménopause est souvent marquée par un stress accru en raison des changements hormonaux et des symptômes physiques. Le Reiki agit comme un outil puissant pour apaiser l'esprit et réduire l'anxiété.

- **Comment cela fonctionne** : Le praticien canalise une énergie apaisante qui aide à détendre le corps et l'esprit, diminuant ainsi les niveaux de cortisol (hormone du stress).

- **Résultat** : Une sensation de calme profond et une meilleure résilience émotionnelle face aux défis quotidiens.

Le témoignage d'Eliane Couval sur son blog « ***Mon histoire de femme avec le Reiki*** » montre que le Reiki réduit significativement l'anxiété et améliore l'humeur chez les femmes en période de transition hormonale.

2. Amélioration du sommeil

Les troubles du sommeil, comme l'insomnie ou les réveils nocturnes, sont fréquents pendant la ménopause. Le Reiki aide à induire un état de relaxation profonde qui favorise un sommeil réparateur.

- **Mécanisme** : En équilibrant les énergies, le Reiki apaise les tensions physiques et mentales qui peuvent perturber le sommeil.
- **Résultat** : Un endormissement plus rapide, des nuits plus calmes, et une meilleure récupération.

3. Atténuation des bouffées de chaleur

Les bouffées de chaleur, souvent déclenchées par des déséquilibres hormonaux, peuvent être modérées par des pratiques de guérison énergétique.

- **Reiki** : En travaillant sur les centres énergétiques (comme le chakra du plexus solaire, lié à la régulation de la chaleur corporelle), le Reiki aide à équilibrer les réactions corporelles.
- **Résultat** : Une réduction de l'intensité perçue des bouffées de chaleur.

4. Gestion de la fatigue

La fatigue, parfois chronique, est un symptôme courant pendant la ménopause. Le Reiki, en stimulant le flux énergétique, aide à revitaliser le corps et l'esprit.

- **Comment cela fonctionne** : En libérant les blocages énergétiques, le Reiki permet à l'énergie vitale de circuler

plus librement, augmentant ainsi le niveau d'énergie
général.

- **Résultat** : Une sensation de légèreté, de clarté mentale, et
  une amélioration de la vitalité.

5. Soulagement des douleurs musculaires et articulaires

Les douleurs articulaires ou musculaires, souvent liées aux
fluctuations hormonales, peuvent être atténuées par des
techniques de guérison par l'énergie.

- **Reiki** : En se concentrant sur les zones douloureuses, le
  praticien peut réduire l'inflammation et favoriser la
  relaxation musculaire.

- **Résultat** : Une diminution des raideurs et des tensions,
  permettant une meilleure mobilité.

6. Soutien émotionnel et équilibre

Les sautes d'humeur et les moments d'instabilité émotionnelle
sont courants pendant la ménopause. Le Reiki offre un espace de
réconfort où les émotions peuvent être équilibrées.

- **Effet émotionnel** : En harmonisant les centres
  énergétiques associés aux émotions (comme le chakra du
  cœur), le Reiki aide à renforcer l'équilibre émotionnel et
  l'estime de soi.

- **Résultat** : Une meilleure gestion des émotions et une
  capacité accrue à faire face aux défis de la ménopause.

Comment intégrer le reiki dans un plan de soins ?

- **Séances régulières** : Des séances hebdomadaires ou mensuelles peuvent être bénéfiques pour maintenir un équilibre énergétique.

- **Auto-Reiki** : Certaines femmes choisissent d'apprendre le Reiki pour pratiquer sur elles-mêmes, renforçant ainsi leur autonomie dans la gestion de leurs symptômes.

- **En complément** : Le Reiki s'intègre facilement à d'autres approches thérapeutiques, comme la méditation, le yoga, ou les traitements médicaux conventionnels.

Ce que disent les études

Bien que les preuves scientifiques restent limitées, plusieurs études ont mis en lumière les bienfaits du Reiki pour réduire le stress et améliorer la qualité de vie :

- Le livre "**Reiki au féminin – le Grand Livre**" de Guy Brassecassé et Alix Lefief-Delcourt, présente le Reiki comme une approche pour soulager plus de 80 maux féminins dont la femme peut souffrir pendant la transition vers la ménopause, tels que les règles douloureuses, les migraines, la constipation, l'endométriose, la fatigue, la dépression...

Précautions et conseils

- **Praticien qualifié** : Assurez-vous de consulter un praticien certifié pour des séances de Reiki ou de guérison énergétique.

- **Approche complémentaire** : Ces pratiques ne remplacent pas les soins médicaux, mais les enrichissent en offrant une approche holistique.

- **Ouverture d'esprit** : Les bienfaits du Reiki dépendent souvent de l'état de relaxation et de réceptivité de la personne.

Qi Gong

Le Qi Gong, une pratique issue de la médecine traditionnelle chinoise, est une combinaison de mouvements lents, de techniques de respiration, et de concentration mentale, visant à cultiver et équilibrer l'énergie vitale (*Qi*). Pendant la ménopause, période de transformations physiques et émotionnelles, le Qi Gong offre une approche douce et holistique pour améliorer le bien-être général, atténuer les symptômes et renforcer l'équilibre entre le corps et l'esprit.

Qu'est-ce que le qi gong ?

Le Qi Gong signifie littéralement « travail de l'énergie ». Cette pratique ancestrale repose sur l'idée que le Qi circule à travers des canaux énergétiques appelés méridiens. Pendant la ménopause, où des déséquilibres énergétiques peuvent se produire, le Qi Gong aide à restaurer une circulation harmonieuse de l'énergie, favorisant ainsi la santé physique, mentale, et émotionnelle.

Les bienfaits du qi gong pour la ménopause

1. Réduction des bouffées de chaleur

Les bouffées de chaleur, souvent causées par des déséquilibres dans les méridiens du cœur et du foie selon la médecine chinoise, peuvent être apaisées par le Qi Gong.

- **Comment cela fonctionne** : Les mouvements lents et les exercices de respiration profonde aident à calmer le système nerveux et à réguler la température corporelle.

- **Résultat** : Une diminution de la fréquence et de l'intensité des bouffées de chaleur, permettant une meilleure qualité de vie.

2. Gestion du stress et de l'anxiété

La ménopause est souvent accompagnée de fluctuations émotionnelles, comme l'anxiété, l'irritabilité, et les sautes d'humeur. Le Qi Gong, en favorisant la relaxation et en équilibrant les méridiens énergétiques, aide à calmer l'esprit.

- **Effet relaxant** : Les exercices de respiration synchronisés avec des mouvements fluides réduisent les niveaux de cortisol, l'hormone du stress.

- **Résultat** : Une meilleure gestion des émotions, une réduction de l'anxiété, et une amélioration du bien-être mental.

3. Amélioration du Sommeil

Les troubles du sommeil, fréquents pendant la ménopause, peuvent être soulagés grâce au Qi Gong.

- **Mécanisme** : En harmonisant les méridiens et en apaisant l'esprit, le Qi Gong aide à réguler les cycles de sommeil et à réduire l'insomnie.

- **Résultat** : Des nuits plus reposantes et une meilleure récupération physique et mentale.

4. Renforcement de la santé osseuse

La diminution des œstrogènes pendant la ménopause augmente le risque de perte de densité osseuse et d'ostéoporose. Le Qi Gong, par ses mouvements doux impliquant un port de poids, contribue à préserver la santé osseuse.

- **Exemples de mouvements** : Les exercices où le poids du corps est transféré d'une jambe à l'autre stimulent les os et les articulations.

- **Résultat** : Un ralentissement de la perte osseuse et une amélioration de la stabilité corporelle.

5. Soulagement des douleurs musculaires et articulaires

Les douleurs corporelles, souvent associées à des déséquilibres énergétiques, peuvent être atténuées par la pratique régulière du Qi Gong.

- **Comment cela fonctionne** : En stimulant la circulation énergétique et en relâchant les tensions musculaires, le Qi Gong réduit les inflammations et améliore la mobilité.

- **Résultat** : Moins de raideurs et une sensation de fluidité dans les mouvements quotidiens.

6. Equilibre hormonal

Le Qi Gong soutient les fonctions des organes internes, tels que
les reins et le foie, qui jouent un rôle clé dans l'équilibre hormonal
selon la médecine chinoise.

- **Effet physiologique** : En harmonisant le Qi, le Qi Gong
  peut aider à réguler les fonctions endocriniennes.

- **Résultat** : Une meilleure gestion des symptômes
  hormonaux tels que les sautes d'humeur, les bouffées de
  chaleur, et la fatigue.

7. Amélioration de la force et de l'équilibre

La ménopause peut entraîner une perte musculaire et un risque
accru de chute. Le Qi Gong, avec ses postures équilibrées et ses
mouvements coordonnés, renforce le corps et améliore la
stabilité.

- **Exemple de mouvement** : Le *Wu Dang Single Whip* ou le
  Golden Rooster Stands on One Leg sont des postures qui
  renforcent les muscles des jambes et améliorent
  l'équilibre.

- **Résultat** : Une meilleure posture et une réduction des
  risques de blessures.

Comment intégrer le qi gong dans la vie quotidienne ?

- **Pratiques régulières** : 15 à 30 minutes par jour suffisent
  pour ressentir les bienfaits.

- **Cours guidés** : Participer à des cours avec un instructeur qualifié pour apprendre les mouvements corrects et les principes sous-jacents.

- **Simplicité** : Même quelques mouvements de base ou des exercices de respiration peuvent être efficaces pour apaiser l'esprit et renforcer le corps.

Etudes et efficacité

Les bienfaits du Qi Gong sont de plus en plus reconnus par la recherche scientifique :

- Le livre "**Qi Gong au féminin : au rythme des saisons**" de Martine Depondt-Gadet propose des exercices de Qi Gong adaptés aux femmes, alignés sur les cycles saisonniers, pour harmoniser le corps et l'esprit. Les pratiques présentées peuvent aider à équilibrer l'énergie vitale, renforcer le système immunitaire et améliorer la circulation, ce qui peut atténuer certains symptômes liés à la ménopause.

Précautions et conseils

- **Consulter un instructeur qualifié** : Travailler avec un professionnel assure que les mouvements sont effectués correctement.

- **Adapter les exercices** : Les femmes souffrant de douleurs ou de limitations physiques doivent pratiquer des variantes adaptées à leurs capacités.

- **Persévérance** : Les bienfaits du Qi Gong s'accumulent avec le temps, donc une pratique régulière est essentielle.

Conseils pour choisir une approche alternative :

La ménopause, en tant que période de transition, nécessite une approche globale pour gérer les symptômes et améliorer la qualité de vie. Si la gestion de son alimentation ne suffit pas et que les traitements médicaux conventionnels restent une option importante, de nombreuses femmes choisissent de se tourner vers des thérapies alternatives pour compléter leurs soins. Ce chapitre conclut sur les moyens de choisir judicieusement ces approches et d'intégrer ces méthodes complémentaires dans une routine de bien-être.

1. Evaluation des options

Avant d'adopter une approche alternative, il est essentiel d'évaluer soigneusement son efficacité, sa sécurité, et sa pertinence pour vos besoins spécifiques.

- **Vérifiez les preuves scientifiques** : Privilégiez des thérapies ayant fait l'objet d'études rigoureuses. Par exemple, des pratiques comme le yoga, le tai chi, ou l'acupuncture bénéficient de recherches solides montrant leur utilité pour la gestion des symptômes de la ménopause.

- **Pesez les avantages et les risques** : Chaque méthode a ses forces et ses limites. Par exemple, les huiles essentielles nécessitent une utilisation prudente pour éviter les réactions allergiques, tandis que les plantes médicinales peuvent interagir avec des médicaments.

- **Adaptez à vos besoins personnels** : Certaines pratiques, comme la méditation ou le Qi Gong, conviennent à presque

toutes les femmes, tandis que d'autres, comme
l'homéopathie ou la phytothérapie, nécessitent une
approche plus individualisée.

2. Posez-vous les questions suivantes :

- Est-ce que cette méthode correspond à mes symptômes et
  à mes priorités ?

- Ai-je accès à des praticiens qualifiés ?

- Pourrais-je intégrer cela dans ma routine de vie ?

3. Consultation avec des professionnels

L'accompagnement par des professionnels qualifiés est un
élément clé pour tirer le meilleur parti des thérapies alternatives
tout en minimisant les risques.

- **Discutez avec votre médecin** : Même si vous explorez des
  approches alternatives, informez toujours votre médecin
  ou gynécologue. Cela permet de prévenir des interactions
  potentielles.

- **Consultez des spécialistes** : Pour des pratiques
  spécifiques comme l'acupuncture, le Reiki, ou
  l'homéopathie, assurez-vous de travailler avec des
  praticiens expérimentés et certifiés.

- **Demandez des recommandations** : Les diététiciens,
  naturopathes, ou praticiens en médecine intégrative
  peuvent vous guider vers des approches adaptées à vos
  besoins.

L'intégration de thérapies alternatives dans la gestion de la ménopause peut offrir un soutien précieux. Ces approches holistiques permettent elles aussi de traiter la ménopause non seulement comme une transition hormonale, mais aussi comme une opportunité de prendre soin de soi de manière globale.

- **Approche personnalisée** : La clé d'un accompagnement réussi est de choisir des méthodes qui répondent à vos besoins spécifiques, en respectant votre mode de vie, vos préférences, et vos objectifs de santé.

- **Écoute de soi** : En adoptant une démarche attentive et bienveillante, chaque femme peut trouver un équilibre entre santé, sérénité, et bien-être.

7. Conseils pratiques pour le quotidien

La ménopause est une période de transition qui peut présenter divers défis pour la santé et le bien-être. Adopter certaines stratégies au quotidien peut aider à gérer les symptômes et à améliorer la qualité de vie pendant cette phase.

La planification des repas

La planification des repas est un outil puissant pour soutenir une alimentation saine et équilibrée, en particulier pendant la ménopause, une période où les besoins nutritionnels et les défis de santé peuvent évoluer. Une planification réfléchie peut aider à gérer les symptômes, maintenir un poids sain et assurer un apport suffisant en nutriments essentiels.

Evaluer les besoins nutritionnels

Identifier les priorités : Considérez les nutriments particulièrement importants pendant la ménopause, tels que le calcium, la vitamine D, les oméga-3, et les fibres, pour soutenir la santé osseuse, cardiaque, et digestive.

Adapter selon les symptômes : Intégrez des aliments qui peuvent aider à gérer les symptômes spécifiques de la ménopause, comme les isoflavones de soja pour les bouffées de chaleur ou les aliments riches en magnésium pour le soutien du sommeil.

Faites-vous envie : ce ne doit pas être un sacerdoce. Vous avez envie voire besoin de vous faire plaisir ? Vous avez une folle envie de sucre ? Choisissez une recette qui vous met l'eau à la bouche tout en restant saine. Cela semble compliqué au début puis petit à petit les habitudes se mettent en place.

Etablir un plan

Planification hebdomadaire : Définissez un plan de repas pour la semaine, en incluant une variété d'aliments pour couvrir tous les groupes alimentaires et répondre à vos besoins nutritionnels.

Liste de courses : Créez une liste de courses basée sur votre plan de repas pour éviter les achats impulsifs et vous assurer d'avoir tous les ingrédients nécessaires à portée de main.

Préparation des repas

Cuisson en lots : Considérez la préparation de repas en grandes quantités et la conservation des portions pour les jours où vous avez moins de temps ou d'énergie pour cuisiner.

Options saines prêtes à consommer : Ayez des options saines prêtes à l'emploi pour les moments où la préparation d'un repas complet n'est pas faisable.

Flexibilité et équilibre

Flexibilité : Soyez prêt à ajuster votre plan de repas en fonction de votre appétit, de vos préférences, et des événements imprévus, tout en maintenant l'objectif d'une alimentation équilibrée.

Équilibre : Intégrez une variété d'aliments dans votre alimentation pour éviter la monotonie et couvrir un large spectre de nutriments.

Soutien et partage

Partage des repas : Préparer et partager des repas avec des amis ou la famille peut rendre l'expérience plus agréable et fournir un soutien social.

Recherche de ressources : Utilisez des livres de cuisine, des blogs, et des applications de planification de repas pour trouver de l'inspiration et des idées nouvelles.

La planification des repas est une stratégie clé pour naviguer à travers la ménopause avec santé et bien-être. Elle nécessite une réflexion initiale et un engagement, mais les bénéfices en termes de gestion des symptômes, de maintien d'une alimentation équilibrée et de soutien du bien-être général sont considérables. En intégrant une planification des repas adaptée à vos besoins et préférences uniques, vous pouvez créer un environnement alimentaire qui soutient votre parcours à travers la ménopause.

Astuces pour des plats gourmands et sains

Chaque repas peut être une fête pour les papilles, sans pour autant faire grincer la balance. Oui, c'est possible de se régaler sans compromettre sa santé, même pendant la ménopause !

Le pouvoir des épices et des herbes

Laissez tomber les sauces lourdes et dites bonjour aux épices et aux herbes ! Un peu de curcuma par ici, un soupçon de basilic par là... Les épices non seulement rehaussent les saveurs mais apportent aussi des bienfaits pour la santé.

Les herbes et leurs bienfaits

Sauge : Réputée pour diminuer les bouffées de chaleur et les sueurs nocturnes (attention de ne pas en abuser).

Persil : Permet de réguler les cycles pendant la préménopause mais attention aux effets secondaires qui peuvent être importants selon son état de santé.

Fenouil : Très riche en phyto-estrogènes aidant à soulager des symptômes de la ménopause.

Marjolaine : Possède des propriétés calmantes et anxiolytiques.

Serpolet : Soutient la fonction digestive. A un effet diurétique.

Romarin : Aide l'organisme à se détoxifier et à se débarrasser des hormones qui ne sont plus utiles.

Verveine : La verveine odorante a un effet antioxydant, elle aide aux défenses naturelles de l'organisme et lui permet d'être plus résistant. Elle facilite la digestion, elle participe à la mobilité articulaire et au confort de la ménopause.

Thym : Aide à lutter contre l'anxiété.

Les épices et leurs effets

Curcuma : Avec ses propriétés anti-inflammatoires, il peut aider à soulager les douleurs articulaires.

Gingembre : Peut atténuer les nausées, les migraines et améliorer la digestion. C'est un anti-inflammatoire.

Cannelle : Connue pour ses propriétés régulatrices de la glycémie, elle peut être utile pour gérer le poids.

Safran : Préconisé dans la lutte contre les dépressions légères, la fatigue et le surmenage.

Muscade : Aide à combattre la fatigue.

L'anis étoilé : Anti bouffées de chaleur.

Incorporer ces herbes et épices dans l'alimentation quotidienne peut se faire de manière simple et délicieuse. Par exemple, la sauge peut être utilisée dans les tisanes, tandis que le curcuma et le gingembre peuvent être ajoutés aux plats cuisinés. Il est important de noter que certaines herbes peuvent interagir avec des médicaments, donc une consultation médicale est conseillée avant de les utiliser.

Les épices et herbes offrent une approche naturelle et douce pour gérer les symptômes de la ménopause. Leur intégration dans l'alimentation quotidienne peut améliorer la qualité de vie pendant cette transition. Il est essentiel de les utiliser de manière informée et en complément d'une approche globale de la santé.

L'art de la cuisson

La ménopause est une période de transition importante pour les femmes, souvent accompagnée de changements physiologiques et métaboliques. Adopter des méthodes de cuisson saines est essentiel pour maintenir un bon état de santé général et atténuer certains symptômes de la ménopause. Cet essai explore pourquoi et comment les femmes ménopausées devraient privilégier certaines techniques de cuisson.

Pourquoi opter pour des cuissons saines ?

Réduction de la graisse et des calories : Les méthodes de cuisson plus saines réduisent souvent la quantité de graisse et de calories dans les repas, ce qui est crucial pour la gestion du poids pendant la ménopause.

Préservation des nutriments : Certaines techniques de cuisson aident à conserver les vitamines et minéraux essentiels, importants pour la santé osseuse et le bien-être général.

Diminution des risques de maladies : Les cuissons saines peuvent réduire les risques de maladies cardiaques, d'ostéoporose et de diabète, des préoccupations courantes pendant la ménopause.

Méthodes de cuisson recommandées

Cuisson à la vapeur : Excellente pour préserver les nutriments des légumes. Elle permet de cuisiner sans ajouter de matières grasses.

Grillade : Idéale pour la viande et le poisson, la grillade réduit la teneur en graisses tout en conférant une saveur riche aux aliments.

Rôtissage au four : Permet une cuisson uniforme sans nécessiter beaucoup d'huile. Les légumes rôtis conservent leurs nutriments tout en développant une saveur riche.

Sautés à la poêle antiadhésive : Permet de cuire rapidement les aliments avec un minimum de matière grasse. Idéal pour les légumes, les viandes maigres et les tofus.

Les grains entiers : vos nouveaux meilleurs amis

Remplacez les pâtes blanches et le riz blanc par leurs « cousins » plus nutritifs : les grains entiers. Ils apportent plus de fibres et aident à se sentir rassasié plus longtemps. Durant cette période, l'adoption d'une alimentation saine est cruciale, et les grains entiers jouent un rôle majeur dans ce contexte. Ils offrent de multiples bienfaits santé, particulièrement adaptés aux besoins des femmes ménopausées.

Pourquoi les grains entiers sont bénéfiques

Riches en nutriments : Les grains entiers sont une excellente source de vitamines B, de minéraux, de fibres, et d'antioxydants, essentiels pour le bien-être général.

Santé cardiovasculaire : Leur haute teneur en fibres contribue à réduire le cholestérol et à maintenir une bonne santé cardiaque.

Contrôle du poids : Les grains entiers ont un indice glycémique bas, ce qui aide à réguler la glycémie et à contrôler le poids, un aspect important pendant la ménopause.

Santé digestive : Les fibres des grains entiers améliorent la digestion et peuvent aider à prévenir la constipation, souvent aggravée par la ménopause.

Prévention de l'ostéoporose : Riches en magnésium et autres minéraux, les grains entiers jouent un rôle dans la santé des os.

Exemples de grains entiers et leur utilisation

Quinoa : Riche en protéines et sans gluten, il peut être utilisé dans les salades ou comme base pour des plats principaux.

Avoine : Excellente pour les petits-déjeuners, l'avoine est bénéfique pour la santé cardiaque et la gestion du poids.

Riz Brun : Une alternative plus nutritive au riz blanc, idéale comme accompagnement ou dans les plats mijotés.

Orge : Riche en fibres, l'orge est parfaite dans les soupes et les ragoûts.

Épeautre : Contient des protéines et des minéraux, il peut être utilisé dans la fabrication de pains et de pâtes.

Conseils pour intégrer les grains entiers

Remplacer les grains raffinés : Optez pour du pain complet, du riz brun ou des pâtes de blé entier à la place des versions raffinées.

Créativité dans la cuisine : Expérimentez avec différents grains entiers pour diversifier votre alimentation.

Attention aux portions : Bien que sains, les grains entiers sont caloriques. Il est donc important de surveiller les portions.

Intégrer les grains entiers dans l'alimentation est une stratégie nutritionnelle essentielle pour les femmes ménopausées. Leur richesse en nutriments, leur capacité à favoriser un poids santé, et leur soutien à la santé cardiovasculaire et digestive, en font un choix idéal pour maintenir un mode de vie sain pendant cette phase de la vie.

Des protéines de qualité

Les protéines maigres sont les piliers de vos repas. Elles jouent un rôle crucial dans le maintien de la santé et du bien-être durant la période de la ménopause.

Pourquoi les protéines de qualité sont essentielles

Maintien de la masse musculaire : Avec l'âge, la masse musculaire tend à diminuer. Les protéines aident à préserver cette masse musculaire.

Santé des os : Les protéines sont importantes pour la santé osseuse, en particulier pour prévenir l'ostéoporose, un risque accru pendant la ménopause.

Gestion du poids : Les protéines peuvent augmenter la sensation de satiété, aidant ainsi à gérer le poids.

Soutien métabolique : Elles aident à maintenir un métabolisme sain, essentiel lors des changements hormonaux de la ménopause.

Sources de protéines de qualité

Poissons et fruits de mer : Riches en protéines et en acides gras oméga-3, bénéfiques pour la santé cardiaque.

Viandes maigres : Comme le poulet et la dinde, sources de protéines maigres sans excès de graisses saturées.

Légumineuses : Haricots, lentilles et pois chiches sont de bonnes sources de protéines végétales.

Produits laitiers : Fromage, yaourt et lait peuvent fournir des protéines de haute qualité.

Œufs : Excellente source de protéines complètes avec tous les acides aminés essentiels.

Tofu et produits à base de soja : Alternatives végétales riches en protéines, adaptées aux régimes végétariens ou végétaliens.

Conseils pour une consommation optimale

Equilibre avec d'autres nutriments : Associer les protéines à des fibres, des légumes et des grains entiers pour un régime équilibré.

Variété : Varier les sources de protéines pour bénéficier de différents profils nutritionnels.

Cuisson saine : Privilégier des méthodes de cuisson saines comme la grillade, la cuisson à la vapeur ou au four.

Pour les femmes ménopausées, consommer des protéines de qualité est essentiel pour maintenir la santé musculaire, osseuse, et un bon métabolisme. En intégrant une variété de sources de protéines dans leur alimentation quotidienne, les femmes peuvent soutenir leur santé et bien-être pendant la ménopause.

Les bonnes graisses : oui, mais avec modération

N'ayez pas peur des graisses - les bonnes, bien sûr.

Pourquoi les bonnes graisses sont essentielles

Santé cardiovasculaire : Les graisses insaturées peuvent aider à réduire le cholestérol et à maintenir un cœur sain.

Absorption des vitamines : Les graisses sont nécessaires pour l'absorption des vitamines liposolubles (A, D, E, K).

Santé hormonale : Les bonnes graisses jouent un rôle dans l'équilibre hormonal, particulièrement important pendant la ménopause.

Soutien cognitif et humeur : Les acides gras oméga-3 sont connus pour leurs effets bénéfiques sur la fonction cérébrale et l'humeur.

Types de bonnes graisses et leurs sources

Acides gras monoinsaturés : Présents dans l'huile d'olive, les avocats, et les noix, ils sont excellents pour la santé cardiaque.

Acides gras polyinsaturés (Oméga-3 et Oméga-6) : On les trouve dans les poissons gras (saumon, maquereau), les graines de lin, les noix et certaines huiles végétales.

Graisses saturées en quantité limitée : Présentes dans les produits laitiers et la viande rouge, elles peuvent être consommées en petites quantités.

Précautions à adopter

Equilibrer la consommation : Veiller à un bon équilibre entre oméga-3 et oméga-6.

Modération : Les graisses, même bonnes, sont caloriques. Il est important de les consommer avec modération.

Eviter les graisses trans : Présentes dans les aliments transformés et frits, elles sont néfastes pour la santé cardiaque.

Choix de qualité : Opter pour des sources de graisses de haute qualité et si possible, biologiques.

Intégrer des graisses de qualité dans l'alimentation est essentiel pour les femmes ménopausées. Elles soutiennent la santé cardiovasculaire, hormonale, et cognitive, mais doivent être consommées de manière équilibrée et avec discernement. Une approche globale de l'alimentation, en privilégiant les sources naturelles et en évitant les produits transformés, est la clé pour bénéficier pleinement de leurs avantages.

Les fruits et légumes

Enfin, les fruits et légumes sont riches en vitamines, minéraux et antioxydants. Une consommation élevée de fruits et légumes est liée à une meilleure santé globale. Il faut cependant faire attention au sucre que certains peuvent contenir.

Avantages des fruits et légumes

Richesse en vitamines et minéraux : Essentiels pour la santé globale, notamment la santé osseuse et cardiaque.

Fibres alimentaires : Importantes pour la digestion et la régulation du poids.

Antioxydants : Aident à combattre le stress oxydatif et réduisent le risque de certaines maladies.

Hydratation : Les fruits et légumes à haute teneur en eau aident à maintenir une bonne hydratation.

Fruits et légumes recommandés

Fruits rouges : Riches en antioxydants, ils aident à protéger contre le vieillissement cellulaire.

Légumes verts : Comme les épinards et le brocoli, riches en calcium et en vitamines essentielles pour la santé des os.

Agrumes : Excellente source de vitamine C, importante pour la santé de la peau et le système immunitaire.

Tomates : Contiennent du lycopène, un puissant antioxydant.

Bananes : Riches en potassium, elles contribuent à la santé cardiaque.

Précautions à adopter

Variété : Consommer une large gamme de fruits et légumes pour bénéficier d'un spectre complet de nutriments.

Consommation modérée de fruits sucrés : Faire attention à la teneur en sucre des fruits, particulièrement si vous êtes diabétique ou préoccupée par la gestion du poids.

Bio et local : Si possible, choisir des produits biologiques et locaux pour réduire l'exposition aux pesticides.

Lavage et préparation : Bien laver les fruits et légumes pour éliminer les résidus de pesticides et les bactéries.

L'intégration d'une variété de fruits et légumes dans l'alimentation quotidienne est essentielle pour les femmes ménopausées. Ils fournissent des nutriments vitaux qui soutiennent la santé pendant cette période de transition. Une consommation équilibrée, avec une attention particulière à la qualité et à la préparation des aliments, peut grandement contribuer à un mode de vie sain pendant la ménopause.

La gourmandise, c'est du sérieux. Avec ces astuces, chaque repas peut devenir une œuvre d'art saine et délicieuse. La ménopause n'est pas un obstacle à la gourmandise, mais une occasion de redécouvrir le plaisir de bien manger.

Faim et de satiété

La ménopause est une période de changements significatifs qui peuvent affecter le métabolisme, le poids et les habitudes alimentaires. Apprendre à écouter et à comprendre les signaux de faim et de satiété du corps peut aider à naviguer ces changements en favorisant une relation saine avec la nourriture et en soutenant la gestion du poids.

Comprendre les signaux de faim et de satiété

Faim : Le signal que votre corps a besoin d'énergie. Il peut se manifester par des gargouillis dans l'estomac, une sensation de vide, ou même de la fatigue et de l'irritabilité.

Satiété : La sensation d'être rassasié et de ne plus avoir besoin de manger. La satiété ne signifie pas se sentir « plein » au point d'inconfort, mais plutôt confortablement rassasié.

Pourquoi c'est important ?

Pendant la ménopause, les fluctuations hormonales peuvent brouiller ces signaux, menant à une suralimentation ou à des restrictions alimentaires inutiles. Être attentif à ces signaux aide à maintenir un apport énergétique équilibré, essentiel pour gérer le poids et soutenir le bien-être général.

Manger consciemment

Evitez les distractions : Mangez loin des écrans et concentrez-vous sur votre repas. Cela aide à mieux percevoir les signaux de faim et de satiété.

Mangez lentement : Prenez le temps de mâcher chaque bouchée et appréciez les saveurs. Cela donne le temps à votre corps de reconnaître quand il est rassasié.

Reconnaître les différents types de faim

Faim physique : Nécessité biologique de manger.

Émotionnelle : Envie de manger en réponse à des émotions, et non à une faim physique.

Prévenir la suralimentation émotionnelle.

Faites des petits tests : Si vous pensez avoir faim, attendez quelques minutes avant de manger. Parfois, la soif est confondue avec la faim.

Portions modérées : Servez-vous des portions modérées et attendez un peu avant de décider si vous voulez vraiment plus.

Etablir des routines alimentaires régulières

Horaires réguliers : Manger à des heures régulières peut aider à stabiliser les signaux de faim et de satiété.

Plans de repas équilibrés : Intégrer une variété de nutriments à chaque repas pour assurer une satiété durable.

Être à l'écoute des signaux de faim et de satiété est une pratique fondamentale pour maintenir une alimentation saine, particulièrement pendant la ménopause. Cela requiert de la pratique et de l'attention, mais en adoptant une approche de pleine conscience envers l'alimentation, vous pouvez améliorer votre relation avec la nourriture et soutenir votre santé globale pendant cette période de transition. La clé est d'honorer votre corps, de répondre à ses besoins et de reconnaître que chaque jour peut être différent en fonction de nombreux facteurs, y compris les changements hormonaux.

Gestion des portions

Déterminer les portions de nourriture les plus appropriées pendant et après la ménopause implique une approche personnalisée, prenant en compte plusieurs facteurs clés tels que les besoins énergétiques individuels, les objectifs de santé, et les changements métaboliques. Voici comment naviguer ces considérations :

Evaluer les besoins énergétiques

Métabolisme basal : Avec l'âge, le métabolisme tend à ralentir, réduisant ainsi les besoins caloriques quotidiens. Utiliser des calculatrices de métabolisme basal en ligne ou consulter un diététicien peut aider à estimer vos besoins énergétiques spécifiques.

Niveau d'activité : Le niveau d'activité physique joue un rôle crucial dans la détermination des besoins énergétiques. Plus vous êtes actif, plus vous aurez besoin d'énergie sous forme de nourriture.

Utiliser des guides visuels et des techniques de mesure

Guides visuels : Utiliser des comparaisons visuelles pour estimer des portions (par exemple, une portion de viande devrait être de la taille d'un jeu de cartes) peut être un outil utile lorsqu'une balance alimentaire ou des mesures précises ne sont pas disponibles.

Outils de mesure : Pour une précision accrue, envisagez d'utiliser des cuillères à mesurer, des tasses, ou une balance de cuisine pour mesurer vos portions.

Assiettes plus petites : Utiliser des assiettes plus petites peut tromper le cerveau en pensant que vous mangez plus, ce qui peut aider à réduire la quantité de nourriture consommée.

Ecouter votre corps

Signaux de faim et de satiété : Apprendre à reconnaître et à répondre aux signaux naturels de faim et de satiété de votre corps est essentiel. Manger en réponse à la faim physique et s'arrêter quand vous vous sentez rassasié aide à réguler naturellement les portions.

Adapter et ajuster

Suivi et ajustement : Suivez votre poids, votre niveau d'énergie, et votre santé générale en réponse à votre régime alimentaire. N'hésitez pas à ajuster les portions et l'équilibre des nutriments en fonction des résultats observés et des changements dans votre style de vie ou votre santé.

Consulter des professionnels de la santé

Guidance professionnelle : Pour une approche personnalisée, envisagez de consulter un diététicien ou un nutritionniste. Ils peuvent fournir des recommandations spécifiques basées sur une évaluation complète de vos besoins de santé, de votre style de vie, et de vos préférences alimentaires.

Conseils pratiques

Planifier les repas : Planifiez vos repas et snacks à l'avance. Cela peut aider à éviter les décisions impulsives qui mènent souvent à manger en excès.

Préparer les portions à l'avance : Préparez et emballez les portions de repas et snacks à l'avance. Cela offre un contrôle pratique et direct sur la taille des portions.

Ne pas sauter de repas : Sauter des repas peut conduire à une suralimentation plus tard. Manger à intervalles réguliers aide à maintenir les niveaux d'énergie et à réguler l'appétit.

Faire attention aux portions dans les restaurants : Les portions au restaurant sont souvent bien plus grandes que les portions standard. Considérez de partager un plat ou d'emporter une partie pour plus tard.

La gestion des portions est un outil puissant pour soutenir une alimentation saine et une gestion efficace du poids pendant la ménopause. En adoptant des stratégies conscientes pour contrôler les portions, en écoutant les signaux de votre corps et en planifiant à l'avance, vous pouvez profiter d'une alimentation riche et variée tout en maintenant votre bien-être et votre santé globale.

Déterminer les portions appropriées est un processus dynamique qui peut nécessiter des ajustements au fil du temps. Une approche équilibrée, attentive, et personnalisée est la clé pour soutenir votre santé et bien-être pendant et après la ménopause.

Faire des choix alimentaires intelligents en voyage ou au restaurant

Voyager ou manger au restaurant peut présenter des défis pour maintenir une alimentation équilibrée, surtout pendant la ménopause, lorsque vous cherchez à gérer des symptômes spécifiques ou à suivre un régime alimentaire particulier. Voici des stratégies pour faire des choix intelligents qui soutiennent votre santé et bien-être.

Planification avancée

Recherchez à l'avance : Avant de voyager ou de choisir un restaurant, faites des recherches pour trouver des options qui offrent des choix de repas sains et équilibrés.

Pensez à vos besoins : Tenez compte des aliments qui aident à gérer vos symptômes de ménopause, comme ceux riches en calcium pour la santé osseuse ou faibles en épices pour les bouffées de chaleur.

Choix au restaurant

Menus en ligne : Consultez les menus en ligne pour planifier votre repas à l'avance, ce qui peut vous aider à faire un choix plus sain sans être influencé par la faim ou les suggestions du serveur.

Demandez des modifications : N'hésitez pas à demander des modifications de votre plat pour qu'il réponde à vos besoins

nutritionnels, comme remplacer les frites par une salade ou
demander une vinaigrette à part.

Portion et équilibre

Attention aux portions : Les restaurants servent souvent des
portions plus grandes que la normale. Pensez à partager un plat
ou à emballer la moitié pour plus tard.

Equilibre dans l'assiette : Essayez d'inclure une variété
d'aliments dans votre repas, en visant un bon équilibre entre
protéines, légumes, et glucides complexes.

Lors de voyages

Snacks sains : Apportez des snacks sains pour éviter les achats
impulsifs de nourriture moins saine. Des fruits, des noix ou des
barres protéinées peuvent être de bonnes options.

Hydratation : Gardez une bouteille d'eau avec vous pour rester
hydraté, surtout lors de voyages en avion où la déshydratation est
courante.

Ecoute de votre corps

Prenez votre temps : Mangez lentement et écoutez les signaux de
faim et de satiété de votre corps pour éviter de trop manger.

Soyez Indulgent et Flexible : Il est important de profiter de votre
expérience de voyage ou de repas au restaurant sans culpabilité,
tout en faisant des choix alimentaires conscients.

Faire des choix alimentaires intelligents en voyage ou au restaurant est crucial pour maintenir une alimentation équilibrée et gérer les symptômes de la ménopause. En planifiant à l'avance, en faisant des choix éclairés et en écoutant votre corps, vous pouvez profiter de vos expériences culinaires tout en soutenant votre santé et bien

Lire les étiquettes alimentaires

Lire attentivement les étiquettes des produits alimentaires est essentiel, surtout pendant la ménopause, où les besoins nutritionnels évoluent. Les étiquettes vous renseignent sur la teneur en sucre, en graisses saturées, en sel, et en additifs, qui peuvent influencer votre santé globale. Elles permettent également de vérifier la présence de nutriments bénéfiques, comme le calcium et la vitamine D, souvent ajoutés aux produits laitiers et végétaux. En prenant l'habitude de lire les étiquettes, vous faites des choix alimentaires plus éclairés, adaptés à vos besoins, et contribuez ainsi à une meilleure gestion des symptômes de la ménopause.

Comment lire les étiquettes

Pour bien lire les étiquettes, commencez par examiner la liste des ingrédients. Les ingrédients sont listés par ordre de quantité, du plus présent au moins présent. Portez ensuite attention au tableau nutritionnel, qui détaille les nutriments par portion : calories, graisses, sucres, fibres, protéines, vitamines et minéraux. Comparez ces valeurs avec vos besoins quotidiens et soyez vigilant sur la taille des portions, car elle peut être plus petite que ce que vous consommez réellement.

Les indices à éviter

Sucres ajoutés : Recherchez les termes comme « sucre », « sirop de glucose-fructose », ou « dextrose ». Ces sucres peuvent augmenter votre glycémie et contribuer à la prise de poids, un enjeu particulier pendant la ménopause.

Graisses saturées et trans : Évitez les produits riches en graisses saturées (graisse animale, huile de palme) et en graisses trans (partiellement hydrogénées), car elles augmentent le risque de maladies cardiovasculaires.

Sodium (sel) : Un excès de sodium peut élever la pression artérielle. Évitez les produits qui contiennent plus de 1,5 g de sel par 100 g ou 600 mg de sodium par portion.

Ce qui est à privilégier

Fibres : Recherchez des aliments riches en fibres (plus de 3 g par portion), qui favorisent la satiété et la régularité intestinale. Les fibres aident aussi à stabiliser la glycémie.

Vitamines et minéraux essentiels : Privilégiez les aliments enrichis en calcium et en vitamine D, essentiels pour la santé des os, ainsi que les sources de magnésium, qui aide à la relaxation musculaire et au sommeil.

Ingrédients naturels : Choisissez des produits avec une liste d'ingrédients courte et simple, composée d'aliments que vous reconnaissez et que vous pourriez avoir dans votre cuisine.

En adoptant ces pratiques, vous optimisez votre alimentation pour mieux gérer les symptômes de la ménopause, soutenir votre santé et bien-être global, et éviter les pièges des aliments ultra-transformés.

Comment rester motivée

Aborder la ménopause peut parfois ressembler à essayer de monter une colline en patins à roulettes. Cependant, avec quelques astuces et une bonne dose d'humour, rester motivée devient un jeu d'enfant (ou presque). Petit guide de survie pour garder la flamme bien allumée !

Le club des lève-tôt (ou pas)

Trouvez l'heure qui vous convient. Si vous êtes une lève-tôt, profitez de cette énergie matinale. Si vous êtes plus chouette que rossignol, un entraînement en soirée peut être votre moment magique. L'important, c'est de choisir un moment où vous vous sentez au mieux, pas celui recommandé par la dernière influenceuse fitness.

Le dressing de l'enthousiasme

Investissez dans des vêtements aussi confortables que représentatifs de votre personnalité. Non seulement vous vous sentirez mieux, mais vous aurez aussi une excuse pour faire du shopping. Rappelez-vous, plus vous vous sentirez bien dans « vos baskets », plus vous serez encline à répondre facilement à vos besoins !

La playlist de la motivation

Créez une série de playlists positives et plus ou moins entraînantes. La musique a le pouvoir magique de transformer votre « mood ». Selon votre humeur, optez pour du rock énergique, de la pop entraînante ou du jazz apaisant. Laissez la musique vous porter, tout en restant positive.

Le charme des petits objectifs

Fixez-vous des objectifs réalisables. Vous n'avez pas besoin de courir un marathon dès le premier jour. Commencez petits... Chaque petit pas est une victoire.

Le cercle des amies motivées

Rien de mieux que son entourage pour se confier et s'aider à résoudre ses soucis. Être épaulée est très important ! Peut-être échangerez-vous des astuces, apprendrez-vous des choses ou encore aiderez-vous vos amies à se préparer.

Le journal de la progression

Tenez un journal, quel qu'il soit. Notez vos progrès dans un coin du calendrier sur le frigo, dans un post sur les réseaux si vous avez tendance à tout afficher, dans un bullet journal pour les plus vintage. Cela vous donnera un aperçu concret de votre évolution. C'est un peu comme recevoir des étoiles d'or comme à l'école, mais en mieux.

La récompense du bien-être

Récompensez-vous après chaque étape ou objectif atteint. Un bain chaud, un bon livre, ou votre émission préférée peuvent être d'excellents moyens de vous féliciter. Après tout, vous l'avez bien mérité : vous vous êtes fait du bien !

8. Les outils d'aide, de suivi et de conseils

Calculer ses besoins

Il existe plusieurs méthodes accessibles en ligne pour estimer vos besoins nutritionnels et caloriques. Ces outils peuvent vous aider à obtenir une idée générale de vos besoins quotidiens en fonction de votre âge, sexe, poids, taille, et niveau d'activité physique. Voici quelques ressources utiles :

Calculatrices de besoins caloriques

Calculatrices de métabolisme basal (BMR) : Ces calculatrices utilisent des formules comme l'équation de Harris-Benedict ou l'équation Mifflin-St Jeor pour estimer le nombre de calories dont vous avez besoin au repos. En ajoutant votre niveau d'activité, vous pouvez obtenir une estimation de vos besoins caloriques quotidiens pour maintenir votre poids actuel.

Applications de suivi nutritionnel : Des applications comme MyFitnessPal, Cronometer, ou Yazio permettent non seulement de suivre votre apport calorique et votre activité physique mais offrent également des estimations de vos besoins caloriques en fonction de vos objectifs de poids (perte, maintien, ou gain).

Calculatrices de nutriments spécifiques

Calculatrices de protéines, fibres, vitamines et minéraux : Pour des besoins spécifiques, il existe des calculatrices et des outils en ligne qui peuvent vous aider à déterminer votre apport recommandé en protéines, fibres, vitamines et minéraux en fonction de vos caractéristiques personnelles et de vos objectifs de santé.

Conseils pour utiliser ces outils

Complémentarité : Utilisez ces outils comme un point de départ pour comprendre vos besoins. Ils sont utiles pour obtenir des estimations générales mais ne remplacent pas les conseils personnalisés d'un professionnel de la santé.

Considérations individuelles : Tenez compte de vos conditions de santé spécifiques, de vos objectifs de bien-être et de toute restriction alimentaire dans votre planification nutritionnelle.

Réajustements : Vos besoins nutritionnels et caloriques peuvent changer avec le temps, notamment en raison de modifications de votre niveau d'activité, de votre poids, ou de votre état de santé. Réévaluez régulièrement ces besoins et ajustez votre alimentation en conséquence.

Ces outils sont une excellente ressource pour vous aider à prendre des décisions éclairées concernant votre alimentation et votre mode de vie. Cependant, pour une approche plus personnalisée, surtout en cas de conditions de santé spécifiques ou pendant des périodes de changement comme la ménopause, consulter un diététicien ou un nutritionniste reste la meilleure stratégie.

Planifier

Outils de planification des repas

Planifier des repas équilibrés et adaptés aux besoins spécifiques de la ménopause peut grandement améliorer le bien-être général. Voici des outils pratiques et des ressources essentielles pour aider à structurer des repas qui soutiennent la santé et favorisent un équilibre nutritionnel.

Planificateurs de repas en ligne

Les planificateurs en ligne et applications mobiles permettent de personnaliser vos menus selon vos besoins caloriques, vos objectifs nutritionnels et vos préférences alimentaires. Ces outils sont particulièrement utiles pour équilibrer les apports en nutriments clés comme le calcium, la vitamine D, et les oméga-3, essentiels pendant la ménopause.

- **Comment ça fonctionne ?**
    - Vous entrez vos informations personnelles (âge, poids, taille, objectifs).
    - Les outils génèrent des menus adaptés à vos besoins nutritionnels.
    - Certains permettent de choisir des aliments en fonction des symptômes de la ménopause, comme les bouffées de chaleur ou la rétention d'eau.

- **Exemples d'outils :**

Yazio : Fournit des plans de repas personnalisés et des recettes faciles à suivre.

Eat This Much : Crée des menus équilibrés avec une répartition claire des macronutriments.

MyFitnessPal : Permet de suivre vos repas tout en surveillant vos apports en nutriments spécifiques comme le calcium et les fibres.

Guides alimentaires

Les guides alimentaires officiels offrent des orientations précises pour structurer des repas équilibrés en mettant l'accent sur les groupes alimentaires essentiels.

Plateau canadien

- o Propose une répartition simple des aliments avec un accent particulier sur les légumes et fruits (50 % de l'assiette), les protéines (25 %, y compris végétales comme les légumineuses), et les grains entiers (25 %).

- o Encourage la consommation d'eau comme principale boisson, limitant les sucres et graisses saturées.

MyPlate (USA)

- o Une visualisation en forme d'assiette divisée en sections pour les fruits, légumes, protéines, grains, et produits laitiers.

- o Idéal pour assurer une variété alimentaire et couvrir les besoins en vitamines et minéraux.

Adaptation pour la ménopause

Les guides alimentaires peuvent être ajustés pour répondre aux besoins spécifiques des femmes ménopausées :

- Augmentation des aliments riches en calcium (amandes, chou frisé, produits laitiers faibles en gras) pour soutenir la santé osseuse.

- Intégration de sources de graisses saines (avocat, huile d'olive, noix) pour la santé cardiovasculaire.

- Réduction des sucres rapides pour stabiliser la glycémie.

Avantages des outils de planification

- Gain de Temps : Vous savez exactement quoi acheter et cuisiner, réduisant le stress lié aux décisions alimentaires.

- Réduction du Gaspillage Alimentaire : Une planification efficace évite d'acheter des aliments inutiles.

- Adaptabilité : Ces outils prennent en compte vos restrictions alimentaires, vos préférences, et vos objectifs de santé.

Le suivi

Le suivi des symptômes

Menopause View : Cette application permet de suivre les symptômes de la ménopause, d'obtenir des informations sur ce que vous vivez et de partager ces données avec votre professionnel de la santé pour mieux gérer cette période.

My Menopause Tracker : Une autre option pour suivre les symptômes, offrant également des conseils et des informations pour comprendre et gérer la ménopause.

Clue : Bien que Clue soit principalement une application de suivi du cycle menstruel, elle offre des fonctionnalités pour suivre d'autres aspects de la santé féminine, y compris les symptômes de la ménopause. Clue est disponible en plusieurs langues, dont le français, et permet de personnaliser le suivi selon vos besoins spécifiques.

Flo : une autre application de suivi du cycle qui peut être adaptée pour suivre les symptômes de la ménopause. Elle propose également des articles et des conseils sur une variété de sujets liés à la santé des femmes. L'application est disponible en français et offre des options de personnalisation du suivi.

Balance : Bien que principalement en anglais, Balance par Menopause Tracker offre des fonctionnalités complètes pour le suivi des symptômes de la ménopause. Il est possible que l'application devienne disponible en français ou soit utilisable pour les francophones à l'aise avec un usage basique de l'anglais.

Suivi de nutrition

Mangerbouger.fr : Site web de La Santé Publique Française. Une multitude de conseils, d'astuces, de recettes et d'aides multiples et diverses.

MyPlate par Livestrong : Aide à suivre l'apport nutritionnel et à s'assurer que vous obtenez un équilibre sain de nutriments, essentiel pour gérer les symptômes de la ménopause et soutenir la santé globale.

Nutritionix Track : Permet un suivi facile de l'apport calorique et nutritionnel, soutenant une alimentation équilibrée pendant la ménopause.

Yazio : Disponible en plusieurs langues, dont le français, cette application permet de suivre l'apport calorique et nutritionnel, idéal pour maintenir une alimentation équilibrée pendant la ménopause.

FatSecret France : Application de compteur de calories et journal alimentaire qui peut aider à suivre l'alimentation et l'activité physique.

Chronometer : est axée sur le suivi détaillé des micronutriments et des macronutriments, ce qui est particulièrement utile pour s'assurer que vous obtenez tous les nutriments nécessaires pendant la ménopause. Elle propose une version française pour les utilisateurs francophones.

Suivi de santé générale

https://lamenopause.fr/conseils/liste-soignants-menopause/ :
Carte de centres médicaux proposant des consultations spéciales
ménopause.

Maia : Une application de suivi du cycle qui peut aussi être utilisée
pour noter les symptômes de la ménopause et suivre comment ils
évoluent au fil du temps.

Mon Coach Sommeil : Développée par Withings, cette
application en français peut aider à analyser et à améliorer la
qualité du sommeil, un aspect souvent affecté par la ménopause.

Bien-être et de relaxation

Calm : Offre des méditations guidées, des histoires au coucher, et des musiques relaxantes pour aider à gérer le stress et à améliorer la qualité du sommeil, ce qui peut être particulièrement bénéfique pendant la ménopause.

Petit BamBou : Offre des méditations guidées en français pour aider à gérer le stress et l'anxiété, améliorer le sommeil, et soutenir le bien-être général pendant la ménopause.

Respirelax+ : Une application développée par les Thermes d'Allevard qui propose des exercices de respiration pour aider à la relaxation et à la gestion du stress.

Mon Coach Sommeil : Bien que cette application se concentre sur l'amélioration du sommeil, elle peut être utile pendant la ménopause, une période souvent accompagnée de troubles du sommeil. Une bonne nuit de repos a un impact positif sur la gestion du poids et l'équilibre nutritionnel. Disponible en français, offrant des conseils et des suivis personnalisés.

Fitness spécifique

Fitbit : Bien que ce soit une application de fitness en général, Fitbit offre des fonctionnalités pour suivre l'activité physique, le sommeil, et l'apport en eau, tous essentiels pour gérer les symptômes de la ménopause.

MyFitnessPal : Utile pour le suivi de l'alimentation et de l'exercice, cette application peut aider à maintenir un poids sain en fournissant un journal alimentaire et un compteur de calories.

Yoga for Beginners | Mind+Body : Le yoga peut être bénéfique pour gérer le stress, améliorer la flexibilité et la force, et soutenir le bien-être général pendant la ménopause. Cette application est conçue pour les débutants.

Decathlon Coach : Propose des programmes d'entraînement en français adaptés à différents niveaux de fitness, ce qui peut être utile pour rester actif et gérer le poids pendant la ménopause.

7 Minutes Workout : L'application est conçue pour fournir des entraînements courts mais efficaces, disponibles en français, adaptés à ceux qui ont peu de temps mais souhaitent rester actifs.

Soutien communautaire

Lamenopause.fr : Ce blog français compile une vraie mine d'informations sur tout ce qui peut concerner la ménopause. Articles, interviews, études, témoignages...

Wisdo : Une application de soutien social où vous pouvez vous connecter avec d'autres personnes qui traversent des expériences similaires, y compris la ménopause, pour partager des conseils et du soutien.

Carenity : Une application et site web de réseau social pour les personnes vivant avec des maladies chroniques, où vous pouvez trouver des groupes de discussion sur la ménopause pour échanger des conseils et du soutien en français.

Avant de télécharger et d'utiliser des applications, il est toujours bon de vérifier les avis des utilisateurs, la politique de confidentialité de l'application, et de considérer si elle répond à vos besoins spécifiques. De plus, discuter des changements dans votre gestion de la ménopause avec un professionnel de la santé peut fournir des conseils personnalisés en plus de l'aide que ces applications peuvent offrir.

En utilisant ces applications, il est important de garder à l'esprit que les besoins individuels peuvent varier. Consulter un professionnel de santé ou un nutritionniste peut fournir des conseils personnalisés adaptés à vos besoins spécifiques pendant la ménopause. Ces applications peuvent servir d'outil complémentaire pour vous aider à suivre et à ajuster votre alimentation et votre activité physique afin de soutenir votre santé pendant cette transition.

9. Préparation et sensibilisation

Prendre les devants

La ménopause est une étape naturelle de la vie d'une femme, caractérisée par des changements hormonaux significatifs. Bien que ces changements puissent entraîner une gamme de symptômes inconfortables, une compréhension approfondie de ces processus, accompagnée de stratégies de gestion efficaces, peut aider à naviguer cette transition avec plus de confiance et moins de difficultés. La thérapie hormonale, les modifications du mode de vie, et le soutien psychologique sont des composantes clés de la gestion des symptômes de la ménopause. En outre, la sensibilisation et la préparation peuvent jouer un rôle crucial dans l'expérience vécue par les femmes pendant cette période de changement. En démystifiant les changements hormonaux liés à la ménopause et en encourageant une approche proactive de la gestion des symptômes, il est possible d'améliorer considérablement la qualité de vie des femmes pendant et après cette transition.

La sensibilisation et la préparation à la ménopause peuvent grandement influencer la façon dont une femme vit cette transition. Une meilleure compréhension des changements à

venir permet d'anticiper les défis et de chercher des solutions
proactivement.

Importance de l'éducation sur la ménopause

L'éducation joue un rôle crucial dans la démystification de la
ménopause. Les femmes bien informées sur les changements
hormonaux et leurs effets sont mieux équipées pour prendre des
décisions éclairées concernant leur santé et leur bien-être.

Conseils pour se préparer aux changements à venir

Commencer à intégrer des habitudes de vie saines bien avant la
ménopause peut atténuer l'intensité des symptômes. Cela inclut
maintenir une alimentation équilibrée, exercer régulièrement, et
pratiquer la gestion du stress.

Rôle des professionnels de la santé dans l'accompagnement des femmes

Les professionnels de la santé jouent un rôle essentiel dans
l'accompagnement des femmes à travers la ménopause. Ils
peuvent fournir des informations précieuses, recommander des
traitements appropriés et offrir un soutien émotionnel.

Un passage, pas une fin

La ménopause est souvent perçue comme une fin, marquant la conclusion de la fertilité et l'arrivée de changements physiques et émotionnels significatifs. Cependant, cette perspective ne rend pas justice à la richesse et à la complexité de l'expérience féminine. En réalité, la ménopause n'est pas une fin, mais un passage vers une nouvelle phase de vie, pleine de potentiel et de possibilités.

Transformation et renouveau

La ménopause est une transition, une métamorphose qui invite à une réflexion profonde sur soi, ses désirs, et ses ambitions. C'est une période propice au renouveau, où l'on peut redéfinir ses priorités, poursuivre de nouvelles passions, et renforcer ses relations. Loin d'être un arrêt, c'est une étape qui ouvre de nouveaux horizons.

Libération et autonomisation

Avec la fin des cycles menstruels vient une forme de libération. Les préoccupations liées à la fertilité cèdent la place à une liberté nouvelle. C'est l'opportunité d'embrasser pleinement sa force, de se concentrer davantage sur sa propre santé, son bien-être, et de revendiquer un espace pour ses propres aspirations. Cette phase peut marquer le début d'une prise en main, d'une affirmation de soi et d'une confiance renouvelée.

Sagesse et connexion

La post-ménopause est souvent accompagnée d'une sagesse acquise à travers les années, offrant une perspective unique sur la vie, les relations, et le monde. C'est un moment pour cultiver des relations profondes, partager des connaissances, et contribuer à sa communauté d'une manière significative. La ménopause peut renforcer les liens avec les amis, la famille, et avec soi-même.

Santé et vitalité

Bien que la ménopause puisse présenter des défis pour la santé, c'est également un appel à agir. C'est le moment idéal pour adopter des habitudes saines, explorer de nouvelles activités physiques et mentales, et prendre des mesures proactives pour une longévité épanouie. Avec les bons soins, la vie après la ménopause peut être pleine de vitalité et de dynamisme.

La ménopause n'est pas une fin, mais plutôt un passage vers une étape riche et épanouissante de la vie. Elle offre l'opportunité de se redécouvrir, de poursuivre la croissance personnelle et de célébrer la vie avec une nouvelle perspective. En embrassant ce passage avec positivité, ouverture et préparation, les femmes peuvent transformer cette transition en une expérience profondément gratifiante, marquant le début d'un chapitre vibrant et enrichissant de leur vie.

La Vie « après » la ménopause

La ménopause n'est pas une fin, mais plutôt le début d'un nouveau chapitre passionnant dans la vie d'une femme. Alors que cette étape marque la fin des cycles menstruels et des années de fertilité, elle ouvre également la porte à une période de liberté, de croissance et de découverte personnelle. Dans ce chapitre, nous allons explorer les divers aspects de la vie après la ménopause, en offrant des conseils pratiques et des stratégies pour aborder cette phase avec optimisme et assurance.

Beaucoup considèrent la post-ménopause comme une période de libération et de renouveau. C'est une opportunité pour les femmes de se concentrer davantage sur elles-mêmes, leurs passions, et leur bien-être. Cependant, il est également essentiel de reconnaître et de gérer les changements physiques et émotionnels qui accompagnent cette étape. De la santé osseuse à la sexualité, en passant par le bien-être émotionnel et la planification de la retraite, nous couvrirons une gamme de sujets pour aider à naviguer dans ces eaux inexplorées.

L'objectif est de fournir des informations complètes et des conseils pratiques pour vivre pleinement et sainement après la ménopause. En comprenant et en embrassant ces changements, les femmes peuvent non seulement maintenir une qualité de vie élevée, mais aussi s'épanouir de manière nouvelle et passionnante. La post-ménopause est une période de transformation, et avec les bonnes ressources et un état d'esprit positif, elle peut être l'une des périodes les plus gratifiantes de la vie d'une femme.

De l'acceptation de soi

L'acceptation de soi pendant la ménopause, une période de grands changements, est cruciale pour le bien-être. Voici les points essentiels :

Reconnaissance des changements

Comprendre que la ménopause est une phase naturelle de la vie. Accepter les changements physiques, émotionnels et hormonaux comme une partie normale de votre parcours.

Réévaluation de l'image corporelle

S'adapter à une nouvelle image corporelle. Reconnaître que les standards de beauté sont divers et évolutifs, et que la beauté à cet âge réside dans l'expérience et la sagesse.

Concentration sur la santé globale

Prioriser la santé globale plutôt que l'apparence. Se concentrer sur une alimentation équilibrée, l'exercice physique et le bien-être mental.

Valorisation de l'expérience de vie

Prendre conscience de la richesse de vos expériences de vie. Votre parcours est unique et a contribué à votre force et votre résilience.

Pratique de la gratitude

Cultiver la gratitude pour votre corps et ce qu'il vous a permis de réaliser. Chaque ride et chaque changement est un témoignage de votre histoire.

Renforcement de la confiance en soi

Construire une confiance basée sur des qualités intérieures telles que l'intelligence, la compassion et l'humour, plutôt que sur des attributs physiques.

Développement d'une perspective positive

Adopter une vision positive de cette phase comme une période de liberté, de croissance et d'opportunité pour explorer de nouvelles passions et intérêts.

Rejet des stéréotypes négatifs

Combattre les stéréotypes liés à l'âge et la ménopause. Se rappeler que la valeur d'une personne ne diminue pas avec l'âge.

Soutien social

S'entourer de personnes qui vous soutiennent et vous valorisent. Rechercher des communautés et des groupes qui partagent des expériences similaires.

Acceptation émotionnelle

Permettre à soi-même de ressentir une gamme d'émotions sans jugement. La ménopause peut être un rollercoaster émotionnel, et il est important de reconnaître et d'accepter ces sentiments.

L'acceptation de soi à cette étape de la vie n'est pas toujours facile, mais elle est incroyablement libératrice. C'est l'occasion de se redécouvrir et de s'embrasser avec amour et respect.

Mode de vie actif et épanouissant

Poursuite des passions et des intérêts

Encouragement à explorer de nouveaux hobbies, voyages, bénévolat, ou toute activité enrichissante.

Maintenir une activité physique régulière

L'importance de rester actif pour la santé globale et le bien-être.

Planification financière et retraite

Préparation pour la retraite

Prendre conseils pour la planification financière et la transition vers la retraite. Rencontrer un notaire pour mettre en place ses

« dernières volontés » : cela dédramatise le sujet et permet de dormir sur ses deux oreilles lorsque l'on sait que tout est organisé si quelque problème arrivait.

Gestion des changements de vie

Adapter son mode de vie et ses plans en fonction des nouvelles réalités financières et personnelles.

Prévention de la maladie

Dépistages et soins préventifs

Importance des examens réguliers, des dépistages du cancer, et des mesures préventives pour la santé.

Stratégies de prévention

Alimentation, exercice, et habitudes de vie pour prévenir les maladies chroniques.

10. Témoignages et expériences

Témoignage d' Anne-Sophie, 50 ans

En ce qui me concerne, j'ai eu une ménopause précoce, annoncée à 38 ans. C'est trop tôt. Je n'ai pas eu de symptôme particulier tout de suite. Je l'ai su lors d'une prise de sang, je voulais savoir si j'étais enceinte du second, ce que nous espérions. Le généraliste a vu dans l'analyse des irrégularités. En poussant les examens on m'a diagnostiqué une ménopause précoce. Comme j'avais déjà un enfant, on m'a répété à plusieurs reprises : " Ce n'est pas grave vous avez déjà un enfant ! "

Le plus dur est de faire son deuil... Je n'ai pas eu d'accompagnement particulier malheureusement. En parlant avec ma mère, j'ai appris qu'elle, ainsi que sa propre mère, avaient elles aussi été ménopausées précocement... J'aurais aimé le savoir avant.

Ça n'a pas été facile émotionnellement. Ça été même le plus dur. J'ai dû avoir un suivi gynécologique régulier, avec un traitement hormonal pour compenser ce que le corps ne fournit plus. J'ai fini par me réguler, donc plus de bouffées de chaleur, de douleurs abdominales ou à la poitrine qui s'étaient installées, mais ça a pris du temps.

Je viens d'avoir 50 ans et je suis toujours sous traitement pour éviter les effets indésirables de la ménopause alors que je ne suis plus réglée depuis maintenant 10 ans. Cela fait 9 ans maintenant que le gynécologue qui me suit a trouvé le bon dosage, ce qui permet un quotidien moins désagréable.

Ce n'est pas évident en tout cas. Quel que soit le moment où ça arrive, on a une sensation de perdre une partie de soi-même, il faut réapprendre à connaître son corps et vivre avec.

Si j'avais un conseil à donner à d'autres femmes qui « ménopausées précoce », ce serait : se faire bien accompagner psychologiquement, ne pas s'en vouloir si le corps ne « fonctionne plus » et laisser le temps au deuil !

Témoignage de Florence, 60 ans

Je me souviens très bien de ce que m'a dit le gynéco à qui j'avais parlé de mes problèmes, que j'avais pris du poids, que mon corps avait changé... Ça m'a vraiment marqué parce que j'ai très mal réagi. Il m'a répondu : « C'est parce que maintenant vous vous considérez comme une mère et non plus comme une femme. » Sa philosophie de comptoir, il pouvait la garder pour lui ! J'étais persuadée qu'il devait y avoir une raison médicale parce que je ne mangeais pas davantage et je ne comprenais pas les changements qui s'opéraient en moi.

C'est en prenant rendez-vous avec une endocrino deux ans plus tard, 8 kilos en plus et toujours pas mes règles car sous stérilet aux hormones, qu'en faisant des analyses on a vu que j'étais en pré ménopause. J'ai été ménopausée un peu plus de deux ans plus tard, vers 39 ans, avec toujours plus de kilos, de plus en plus de difficultés à les perdre et de plus en plus rapide pour les prendre. J'ai perdu aussi pas mal de masse de cheveux. La texture a changé également, ils sont devenus très secs. Parallèlement, j'ai commencé à avoir des microkystes et ma peau est devenue grasse à certains endroits. Ça, j'avoue que ça a été un peu surprenant d'autant plus que la peau du corps est devenue très sèche.

Autre symptôme que j'ai subi : la sécheresse vaginale. Il y a des fois ou les rapports pouvaient être douloureux. La perte de libido est venue un petit peu par la suite, vers mes 45 ans. Mais je pense que c'était aussi dû au fait que j'avais beaucoup grossi et que de ce fait, j'acceptais beaucoup moins mon corps. Ah, j'ai pris de la poitrine aussi ! Je suis passée d'un bonnet D un bonnet F. C'est ce qui m'a le moins dérangé !

Mon cycle de sommeil a changé aussi. Avant, j'avais de grosses difficultés d'endormissement. A partir du moment où j'ai été ménopausée, je me suis endormie beaucoup plus vite. Par contre, impossible d'avoir un sommeil de qualité et de longue durée. Je me réveille depuis en moyenne toutes les heures et demie, je n'arrive pas à dormir plus de trois heures d'affilée. Depuis plus de 20 ans je suis tout le temps épuisée au réveil et j'ai de plus en plus de problèmes de concentration et de mémorisation alors qu'avant j'avais une mémoire photographique. Pour une prof d'Université, c'est compliqué.

En fait on est tellement pas préparé à ces choses-là que l'on ne sait même pas si ce que l'on subit peut faire partie des symptômes de la ménopause. Et c'est pas si facile de parler de sécheresse vaginale, des kilos en trop et bien d'autres problèmes, à part vraiment entre très bonnes copines. Sinon on va pas faire courir le bruit de nos soucis sous les toit. Il y a même une connotation *négative et péjorative qui tourne autour de ces sujets-là, souvent amenée par l'homme, encore aujourd'hui.*

Après, je n'ai pas particulièrement cherché de l'aide ou du soutien par rapport à tout ça, puisque je n'avais pas de symptôme handicapant par rapport à d'autres amies qui, elles, avaient des sueurs nocturnes, qui transpiraient beaucoup, qui avaient des bouffées de chaleur. Donc dans la vie de tous les jours, j'ai changé ma routine de beauté et j'ai essayé de faire avec le reste.

Témoignage de Anne, 47 ans

L'adolescence avait déjà été pour moi un combat contre mon propre corps. Les bouleversements hormonaux, les formes qui s'imposent sans prévenir, le miroir qui me renvoyait une image loin de mes attentes. J'ai mis des années à accepter ce corps, à l'apprivoiser, à comprendre qu'il ne serait jamais exactement comme je l'aurais voulu. Avec en prime une hypothyroïdie, qui a nécessité des ajustements interminables avant de trouver enfin le bon dosage. À tout cela, s'ajoutaient mes deux enfants, mes « gros bébés », qui m'ont élargi les hanches, abîmé les seins, laissant des marques que je ne pouvais ignorer.

Mais j'ai toujours eu un côté hyperactif, une discipline qui m'a poussée à me dépasser. Entre sport et hygiène de vie, moi qui suis une vraie gourmande, j'ai appris à contrôler. Contrôler mon alimentation, contrôler mes habitudes, contrôler mon corps pour en faire le mieux que je pouvais. Tout était sous contrôle. Et puis, juste au moment où je commençais enfin à me sentir bien dans ma peau, tout a basculé.

Sans prévenir, la ménopause est arrivée, et avec elle une tempête qui a emporté tout ce que j'avais construit. Je prenais du poids, alors que je n'avais pas changé d'alimentation. Ma peau s'asséchait, celle de mes mains se flétrissait, fine comme du papier. La fatigue s'est installée, constante, oppressante, alors même que je ne dormais plus. Pire encore, moi qui ai toujours été une pile électrique, toujours mille pensées à la fois comme un Professeur Tournesol, j'avais de plus en plus de mal à me concentrer, à m'organiser, à me souvenir de choses pourtant simples.

Et mon corps... Pendant presque deux ans, j'ai eu l'impression d'avoir cent ans. Chaque pas était un effort insurmontable. Des douleurs articulaires partout, une lenteur qui ne me ressemblait pas. Même mon ventre s'y est mis, avec des gaz constants, comme si mon corps tout entier se rebellait. Je me regardais et je ne me reconnaissais plus. Mon envie de plaire ? Disparue. Ma libido ? Envolée. Je ne supportais plus mon propre corps, et ce que je voyais dans le miroir m'était insupportable.

Cela a creusé une distance terrible dans mon couple. Mon mari, aussi perdu que moi, ne savait pas comment m'aider. Je n'ai pas eu son soutien, et même aujourd'hui, alors que je suis totalement ménopausée, cette fracture n'a jamais été réparée. C'est comme si la ménopause m'avait tout pris : ma vitalité, ma féminité, ma confiance en moi, et une partie de mon couple.

Traverser l'Enfer, voilà ce que j'ai ressenti. Subir, encore et toujours. Comme si être une femme, c'était une longue série d'épreuves qu'il fallait endurer sans broncher. Mais si je pouvais donner un conseil à celles qui n'ont pas encore affronté cette tempête, et à leurs compagnons, ce serait celui-ci : préparez-vous. Informez-vous, parlez-en. Avec vos amies, vos mères, vos tantes, vos grand-mères. Ne traversez pas cela seules. La ménopause est une épreuve, mais des solutions existent. Il faut prendre cette transition au sérieux, car un jour, ça vous tombe dessus, et si vous n'êtes pas préparée, vous pouvez sombrer.

Comme un bateau qui se prépare à la tempête, armez-vous mentalement et émotionnellement. Ne subissez pas. Parlez, partagez, renseignez-vous. Car oui, ce n'est pas drôle d'être une femme, mais vous n'avez pas à traverser cela seule.

Vu ou lu dans les médias

« Témoignage ménopause : « Je ne me reconnaissais plus » » (lamenopause.fr)

Cette interview révèle le parcours complexe et parfois frustrant d'une femme face aux symptômes de la périménopause. Elle a d'abord ressenti des symptômes tels que des vertiges, de la fatigue, et des crises d'angoisse, que son médecin a initialement attribués à une dépression due au vieillissement. Malgré les traitements antidépresseurs inefficaces et des consultations multiples avec divers spécialistes, ce n'est qu'après plusieurs tentatives infructueuses qu'une gynécologue a finalement diagnostiqué la périménopause.

Malgré un manque d'information préalable, cette femme a exploré diverses solutions pour gérer ses symptômes, y compris des thérapies alternatives comme l'ostéopathie, l'homéopathie, et l'acupuncture.

Ses conseils :

« Surtout quand on va mal et qu'on va chez son médecin, ne pas écouter quand on dit que c'est le stress ou c'est dans la tête. Trop rapidement on vous catalogue de dépressive, il ne faut pas se jeter sur les antidépresseurs, c'est la solution de facilité pour le médecin. Ne jamais baisser les bras et oser dire « non je ne suis pas folle » ! »

Source : https://lamenopause.fr/temoignages-et-interviews/temoignage-menopause-je-ne-me-reconnaissais-plus/

Documentaire : "Ménopauses, quand les femmes en parlent" (Arte)

Ce documentaire suit douze femmes de divers horizons qui témoignent de leur expérience de la ménopause. Elles partagent leurs émotions, leurs réflexions et leurs astuces pour traverser cette période de transition.

Elles témoignent des bouffées de chaleur, de la prise de poids, de la perte du désir, de l'insomnie et du sentiment persistant d'invisibilité liés à la ménopause. Elles évoquent la pression de faire semblant que tout va bien dans une société qui refuse aux femmes le droit de vieillir. Certaines se cachent pour gérer leurs symptômes en silence. Malgré ces défis, certaines femmes voient la ménopause comme une opportunité de changement. Elles s'assument, refusent de faire semblant et se libèrent du regard des autres.

Leurs conseils :

Écoutez votre corps : Soyez à l'écoute des signaux que votre corps vous envoie pendant la ménopause. Chaque femme vit cette période différemment, alors soyez attentive à vos besoins spécifiques.

Parlez-en : Ne souffrez pas en silence. Partagez vos expériences avec d'autres femmes, vos amies, ou consultez un professionnel de la santé. Le fait de parler ouvertement peut soulager le fardeau émotionnel.

Acceptez les changements : La ménopause apporte des transformations physiques et émotionnelles. Acceptez ces

changements comme une étape naturelle de la vie et adaptez-vous
en conséquence.

Prenez soin de vous : Priorisez votre bien-être. Faites de l'exercice,
mangez équilibré, dormez suffisamment et gérez votre stress. Ces
habitudes peuvent atténuer les symptômes de la ménopause.

Cherchez du soutien : Rejoignez des groupes de soutien,
consultez des professionnels de la santé et partagez vos
préoccupations avec vos proches. Vous n'êtes pas seule dans cette
expérience.

Source : https://www.arte.tv/fr/videos/108962-000-
A/menopauses-quand-les-femmes-en-parlent/

« Témoignage de ménopause : « Les femmes souffrent en silence » » (lamenopause.fr)

Une autre femme partage son expérience de la périménopause et
souligne l'importance de ne pas ignorer les symptômes et de
chercher un soutien médical adéquat. Elle s'est énormément
renseignée sur le sujet pour s'y préparer, n'étant pas
accompagnée comme elle l'aurait souhaité par le corps médical.
Son choix s'est tourné vers un traitement médical qui s'est avéré
être bénéfique pour elle.

Ses conseils :

« Des astuces ça serait de s'écouter et si les symptômes vous empêchent d'être heureuse dans votre vie et perturbent votre sommeil (qui est très important) alors pourquoi pas prendre un traitement ? A savoir qu'il y a des plantes qui peuvent aider mais qui n'auront aucun effet sur vos os, vos organes internes, vos muqueuses et votre cœur.

Le traitement hormonal protège le cœur et les os. Informez-vous ! Chaque femme doit faire son choix en étant informée et chaque femme fait ce qui est juste pour elle. Il n'y a aucun jugement à avoir sur la démarche et les choix de chaque femme.

Aujourd'hui j'ai 53 ans et je me sens bien. Je me sens maître de ma vie et de mes choix. J'ai de l'énergie pour ma famille et je suis épanouie car il ne faut pas oublier qu'avec ou sans traitement, il y a une transformation intérieure qui se produit, une belle transformation du féminin Sacré. On peut avoir accès à une belle force intérieure avec une belle énergie et c'est très puissant. Je ne suis pas sûre qu'une femme qui doit lutter avec tous les symptômes de la ménopause peut avoir accès à cette force là car son corps perd de l'énergie à rééquilibrer.

Ça serait un beau sujet de savoir ce que vivent d'autres femmes intérieurement à cette période-là. «

Source : https://lamenopause.fr/temoignages-et-interviews/temoignage-de-menopause-les-femmes-souffrent-en-silence/

« Conseils aux femmes (et aux hommes !) pour surmonter la ménopause » (MProvence)

Dans cet article, le Dr Julia Maruani, gynécologue et présidente du collège de gynécologie médicale Marseille Provence, explique que la ménopause n'est pas toujours et ne doit pas être un passage brutal ; cela peut durer 4 à 7 ans. La plupart des signes sont liés au manque d'hormones. Pour elle, il est important de ne pas avoir une vision trop négative de cette période et d'être accompagnée par un médecin qui s'y connait vraiment dans ce domaine.

Ses conseils :

Dans l'interview, le Dr Julia Maruani offre des conseils clés pour surmonter la ménopause :

Anticiper et informer : Les femmes devraient être informées sur la ménopause bien avant son début, idéalement dès 35-40 ans, pour pouvoir ajuster leur hygiène de vie.

Hygiène de vie : Adopter une alimentation équilibrée et augmenter l'activité physique sont essentiels pour limiter la prise de poids et maintenir la santé.

Prise en charge médicale : Un suivi médical régulier est crucial, et les traitements hormonaux peuvent être envisagés en cas de symptômes invalidants, après évaluation des risques et bénéfices.

Traitements alternatifs : Yoga, hypnose et acupuncture peuvent aider, mais la phytothérapie n'a pas prouvé son efficacité.

Support du couple : Les hommes doivent être sensibilisés aux changements hormonaux de leur partenaire, en particulier sur les bouffées de chaleur et l'irritabilité.

Source : https://mprovence.com/conseils-aux-femmes-et-aux-hommes-pour-surmonter-la-menopause/

11. Conclusion

En fermant ce livre, imaginez-vous tournant une page importante, non seulement dans votre lecture mais aussi dans votre voyage personnel à travers la ménopause. "La Ménopause Gourmande : C'est Possible !" n'est pas juste un guide, c'est un compagnon de voyage à travers une période de transformation, de découverte et de réinvention.

Cette étape de la vie, souvent abordée avec appréhension, peut en réalité être une période de floraison, un second printemps où vous redécouvrez votre corps, réévaluez vos priorités et renouez avec le plaisir de bien manger et de bien vivre.

Vous me direz « Facile à dire, mais pas à faire ! », et je suis tout à fait d'accord. Seule face à cette transition, j'ai traversé moult questions, mal-être, à en être perdue parfois, d'où l'écriture de ce livre. Mais la ménopause n'est pas une fin, c'est un nouveau chapitre riche en possibilités. Avec les bons outils, une touche de gourmandise et une bonne dose d'acceptation de soi, cette transition peut être abordée avec sérénité et même enthousiasme.

Embrassez cette période avec curiosité, ouverture d'esprit et un cœur prêt à explorer de nouveaux horizons culinaires, physiques et émotionnels. Rappelez-vous que chaque femme vit cette expérience différemment, et votre voyage est unique.

"La Ménopause Gourmande : C'est Possible !" a pour but de vous inspirer, de vous informer et de vous soutenir. Espérons qu'il vous a apporté des connaissances, des sourires et une perspective rafraîchissante sur cette phase naturelle de la vie.

Enfin, gardez en tête que la ménopause, loin d'être un épilogue,
est un puissant début. Un début plein de promesses, de bien-être
et de délices. Alors, à vos marques, prêtes, savourez !

12. Annexes

Tableau nutritionnel

Voici un guide simplifié, visant à couvrir les besoins essentiels :

Ce tableau offre un aperçu des nutriments clés et des recommandations pour une alimentation équilibrée pendant la ménopause. Une alimentation diversifiée, riche en fruits, légumes, grains entiers, protéines de qualité et graisses saines, est essentielle pour couvrir ces besoins nutritionnels et soutenir votre santé pendant cette transition.

*Les quantités recommandées peuvent varier en fonction de facteurs individuels tels que l'âge, le niveau d'activité, les conditions de santé existantes, et les besoins spécifiques liés à la ménopause. Il est conseillé de consulter un professionnel de la santé ou un nutritionniste pour des recommandations personnalisées.

Nutriment Clé	Rôle Essentiel	Sources Alimentaires Recommandées	Recommandations
Calcium	Maintien de la santé osseuse, prévention de l'ostéoporose.	Produits laitiers, légumes verts à feuilles (brocoli, chou frisé), amandes.	1 000 à 1 200 mg par jour.
Vitamine D	Absorption du calcium, soutien du système immunitaire.	Exposition au soleil, poissons gras (saumon, maquereau), lait enrichi.	600 à 800 UI par jour (selon l'exposition au soleil).
Magnésium	Relaxation musculaire, santé cardiaque, soutien nerveux.	Épinards, amandes, avocats, graines de courge.	310 à 420 mg par jour.
Oméga-3	Réduction de l'inflammation, santé cardiaque et cognitive.	Poissons gras (saumon, maquereau), graines de lin, noix.	1 100 à 1 600 mg par jour.
Fibres	Régulation de la digestion, contrôle de la glycémie.	Grains entiers, légumineuses, fruits et légumes.	21 à 25 g par jour.
Protéines	Maintien de la masse musculaire, soutien immunitaire.	Viandes maigres, poissons, légumineuses, tofu, œufs, produits laitiers.	46 à 56 g par jour, selon l'activité physique.
Vitamine B6	Métabolisme énergétique, production de neurotransmetteurs.	Poulet, bananes, pommes de terre, pois chiches.	1,3 à 1,7 mg par jour.

Vitamine B12	Production de globules rouges, soutien du système nerveux.	Viandes, poissons, œufs, produits laitiers, aliments enrichis.	2,4 mcg par jour.
Folate (Vitamine B9)	Santé cellulaire, soutien du métabolisme et du système nerveux.	Légumes verts à feuilles, légumineuses, avocats, agrumes.	400 mcg par jour.
Antioxydants	Protection des cellules contre les dommages oxydatifs.	Baies, thé vert, chocolat noir, légumes colorés.	Consommer une variété quotidienne.
Fer	Transport de l'oxygène dans le sang, soutien de l'énergie.	Viandes rouges maigres, lentilles, épinards, tofu.	8 à 18 mg par jour.
Phytoœstrogènes	Imitation des œstrogènes pour soulager les symptômes de la ménopause.	Soja, graines de lin, sésame, baies.	Consommer avec modération selon les besoins individuels.
Eau	Maintien de l'hydratation, régulation de la température corporelle.	Eau, tisanes, fruits et légumes riches en eau (concombre, pastèque).	Environ 2 litres par jour, ajusté selon les besoins.

Tableau de substitution d'ingrédients

Voici un tableau de substitution d'ingrédients adapté aux besoins nutritionnels spécifiques des femmes ménopausées. Ce tableau non exhaustif vise à fournir des alternatives plus saines et adaptées à cette période de la vie, tout en préservant le plaisir de manger.

Ingrédient à Substituer	Substitution Plus Saine	Bénéfices
Sucre Raffiné	Miel, sirop d'érable, stévia	Réduit l'impact sur la glycémie, tout en offrant un goût sucré naturel.
Farine blanche	Farine complète, farine d'amande, farine d'avoine	Apporte plus de fibres, de protéines et de nutriments essentiels.
Beurre	Purée d'avocat, compote de pommes non sucrée, huile d'olive	Réduit les graisses saturées, apporte des graisses saines pour le cœur et les articulations.
Crème fraîche	Yaourt grec nature, crème de soja, lait de coco	Moins de graisses saturées, plus de probiotiques ou de graisses saines selon l'alternative choisie.
Sel de table	Herbes et épices, sel de mer non raffiné, citron	Réduction de l'apport en sodium, amélioration du goût grâce aux herbes aromatiques.
Riz blanc	Quinoa, riz complet, riz sauvage	Plus de fibres, de protéines et un indice glycémique plus bas.

Pâtes blanches	Pâtes complètes, pâtes de lentilles, spaghettis de courgette	Plus de fibres, de protéines végétales, et de nutriments tout en réduisant l'impact sur la glycémie.
Lait entier	Lait écrémé, lait d'amande enrichi en calcium, lait de soja	Moins de graisses saturées, apport de calcium et de vitamine D selon l'alternative.
Fromage à pâte dure	Fromage à pâte molle à base de lait écrémé, fromage de chèvre	Moins de graisses saturées, alternative souvent plus digeste.
Chocolat au lait	Chocolat noir à 70 % ou plus	Plus d'antioxydants, moins de sucre.
Crème glacée	Sorbet de fruits, yaourt glacé nature sans sucre	Moins de graisses saturées et de sucre, plus de fibres et de vitamines selon le fruit utilisé.
Pain blanc	Pain complet, pain au levain, pain aux graines	Plus de fibres, meilleur contrôle de la glycémie.
Viande rouge grasse	Viande blanche (poulet, dinde), poisson gras (saumon, maquereau)	Moins de graisses saturées, plus d'oméga-3 bénéfiques pour le cœur.
Mayonnaise	Houmous, avocat écrasé, yaourt grec nature	Plus de fibres, de protéines, de graisses saines.
Œufs entiers	Blancs d'œufs, substituts d'œufs à base de plantes	Moins de cholestérol, réduction de l'apport en graisses saturées.
Pommes de terre	Patates douces, courge butternut	Plus de fibres, plus de vitamine A et un indice glycémique plus bas.
Croutons	Graines de tournesol,	Plus de protéines, de fibres et de graisses saines.

	amandes effilées, pois chiches rôtis	
Sucre brun	Sucre de coco, purée de dattes	Indice glycémique plus bas, plus de nutriments et de fibres.
Farine de maïs	Farine de pois chiches, farine de quinoa	Plus de protéines, apport en fibres, sans gluten.
Chapelure	Avoine moulue, graines de lin moulues, flocons de quinoa	Plus de fibres, de protéines et de graisses saines.
Pommes de terre frites	Bâtonnets de carottes ou de courgettes rôties au four	Moins de graisses saturées, plus de fibres et de vitamines.
Beurre de cacahuète	Beurre d'amandes, beurre de noisettes	Moins de sucre, plus de graisses insaturées et de nutriments.
Sauce soja	Tamari (sans gluten), sauce coco aminos	Moins de sodium, sans gluten, apport de saveurs umami.
Riz à sushi (riz blanc)	Riz de chou-fleur, quinoa	Plus de fibres, moins de calories, meilleur contrôle de la glycémie.
Lait concentré	Lait de coco allégé, purée de bananes	Moins de sucre, plus de fibres et de graisses saines.
Crème pâtissière	Crème de tofu soyeux, crème à base de lait de coco et agar-agar	Alternative plus légère, sans produits laitiers, riche en protéines végétales.
Sauce à base de crème	Sauce à base de yaourt grec, purée de chou-fleur	Moins de graisses, plus de protéines et de fibres.
Beurre clarifié	Huile de coco, huile d'avocat	Apport en graisses saines, alternatives végétales avec des

		propriétés anti-inflammatoires.
Mayonnaise allégée	Purée d'avocat, crème de yaourt nature	Apport en graisses mono-insaturées, plus de fibres, moins de matières grasses saturées.
Sucres ajoutés dans les boissons	Infusion de fruits frais, bâtonnets de cannelle, stévia	Édulcorants naturels, aucun ajout de sucre, apport de saveurs sans calories.
Vinaigrette crémeuse	Vinaigrette à base de moutarde, vinaigrette à l'huile d'olive et vinaigre balsamique	Moins de graisses saturées, apport en graisses saines et en antioxydants.
Pizza à croûte blanche	Pizza à croûte de chou-fleur, pizza à croûte de blé entier	Moins de glucides, plus de fibres, meilleure gestion de la glycémie.
Gâteau avec glaçage au sucre	Gâteau avec glaçage à base de fromage frais allégé et fruits frais	Moins de sucre et de graisses saturées, apport en protéines et en fibres.

Ces substitutions d'ingrédients permettent de continuer à profiter de repas délicieux tout en adaptant l'alimentation aux besoins spécifiques liés à la ménopause. Elles favorisent une alimentation riche en nutriments, tout en réduisant les risques associés à des excès de sucre, de graisses saturées et de calories vides. En adoptant ces alternatives, les femmes ménopausées peuvent savourer leurs plats préférés tout en prenant soin de leur santé globale.

Bien sûr cette liste est loin d'être exhaustive, nous pourrions écrire un livre entier sur le sujet. Je présenterai bientôt un ensemble de fiches récapitulatives par thème sur les Editions Poerava, pour celles que ça intéresse.

Sources et références

Voici une sélection de livres et publications sur la ménopause et sa relation avec l'alimentation et d'autres aspects qui m'ont aidé à me documenter. Ces sources offrent une perspective complète et diversifiée sur la ménopause, abordant des aspects tels que la santé physique, la nutrition, le bien-être psychologique, l'acceptation de soi, etc.

"Ménopause, pas de panique !" par Odile Bagot : Ce livre, écrit par une gynécologue, offre un regard décomplexé et humoristique sur la ménopause, abordant les changements physiques et hormonaux et proposant des solutions tant conventionnelles que complémentaires pour les gérer.

"La sagesse de la ménopause – Cultiver la santé physique et psychique durant cette période de changement" par Christiane Northrup : L'auteure, une gynécologue-obstétricienne reconnue, propose une approche holistique de la ménopause, alliant techniques médicales modernes et remèdes naturels.

"C'est moi ou il fait chaud ? La ménopause sans tabou" par Caroline Michel : Ce guide, enrichi d'humour, aborde la ménopause sous différents angles, incluant des témoignages et des conseils d'experts dans divers domaines liés à la santé féminine.

"Bien vivre sa ménopause – Nutrition, activité physique, gestion du stress" par Anne Dufour et Catherine Dupin : Ce livre pratique propose des outils pour une ménopause épanouie, mettant l'accent sur l'alimentation, l'exercice physique et la gestion du stress.

"La ménopause sans les kilos" par Sophie Pensa et Raphaël Gruman : Ce guide, écrit par un nutritionniste, offre des conseils pratiques pour maintenir un poids de santé pendant la ménopause, avec des suggestions d'aliments, d'exercices physiques et de programmes minceur.

The Malleus Maleficarum and the Construction of Witchcraft: Theology and Popular Belief, par Sutton, J. : Manchester University Press : Ce texte discute de l'influence des croyances médiévales et antiques sur la perception des femmes âgées, y compris celles en ménopause.

Hippocrates' Woman: Reading the Female Body in Ancient Greece, écrit par H. King : Ce livre examine comment les théories humorales ont façonné la compréhension de la santé des femmes dans l'Antiquité.

Making Women's Medicine Masculine: The Rise of Male Authority in Pre-Modern Gynaecology. Green, M. H. (2008), Oxford University Press. Ce livre explore la transition des soins de santé féminins des guérisseuses vers une autorité masculine, influençant la perception de la ménopause.

The Fourth Estate: A History of Women in the Middle Ages,
Shahar, S. (2003),Routledge. Cet ouvrage examine le statut des
femmes au Moyen Âge, y compris leur marginalisation à mesure
qu'elles vieillissaient.

De Humani Corporis Fabrica, Vesalius, A. (1543). Ce texte
fondateur de l'anatomie moderne a marqué un tournant dans la
compréhension de la biologie humaine, y compris la biologie
féminine.

**Midwifery, Obstetrics and the Rise of Gynaecology: The Uses of
a Sixteenth-Century Compendium**, King, H. (2007), Ashgate. Ce
livre explore l'évolution des pratiques médicales concernant la
santé des femmes à la Renaissance.

Making Sex: Body and Gender from the Greeks to Freud,
Laqueur, T. (1990), Harvard University Press. Laqueur examine la
transition d'un modèle unisexuel à un modèle des deux sexes,
influençant la perception de la ménopause.

**Medieval and Early Renaissance Medicine: An Introduction to
Knowledge and Practice**, Siraisi, N. G. (1990), University of
Chicago Press. Cet ouvrage offre une perspective sur la transition
entre la médecine médiévale et les débuts de la médecine
moderne.

De la ménopause ou de l'âge critique des femmes, Gardanne,
C. (1821), L'auteur. Cet ouvrage est l'une des premières études

approfondies sur la ménopause, introduisant le terme dans le vocabulaire médical.

Menopause and Hormone Replacement Therapy: A Comprehensive Review, Kass-Annese, B., & Danforth, D. (2003), Springer. Ce livre offre un aperçu historique et scientifique sur les développements de la thérapie hormonale depuis ses débuts.

Women's Bodies: A Social History of Women's Encounters with Health, Ill-Health, and Medicine, Shorter, E. (1991), Transaction Publishers. Cet ouvrage explore l'évolution de la perception médicale du corps féminin, y compris les attitudes envers la ménopause au XIXe siècle.

Against the Spirit of System: The French Impulse in Nineteenth-Century American Medicine, Warner, J. H. (1997), Princeton University Press. Ce livre examine l'influence des idées médicales françaises, y compris celles de Gardanne, sur la médecine occidentale.

The Emergence of a Modern Understanding of Menopause, Robertson, G. (1992), Springer. Ce livre explore l'évolution des perceptions médicales de la ménopause au cours du XXe siècle.

Feminine Forever, Wilson, R. A. (1966), M. Evans. Un ouvrage influent qui a popularisé la THS dans les années 1960, tout en suscitant la controverse.

Changing Ideas: The Medicalization of Menopause in America, 1900-1980, Bell, S. E. (1987), Routledge. Cet ouvrage examine l'évolution de la médicalisation de la ménopause et les débats entourant la THS.

The Role of Hormones in the Menopause Transition. Journal of Women's Health, Rabin, R. (2002), 11(7), 585-593. Une étude qui discute des risques et des bénéfices de la THS.

The Menopause Manifesto: Own Your Health with Facts and Feminism, Gunter, J. (2021), Kensington Publishing. Ce livre offre une perspective moderne et informée sur la ménopause, encourageant les femmes à reprendre le contrôle de leur santé.

Postmenopausal Hormone Therapy: An Endocrine Society Scientific Statement, Santen, R. J., Allred, D. C., & Ardoin, S. P. (2010), Journal of Clinical Endocrinology & Metabolism, 95(7), s1-s66. Un document qui évalue les risques et les bénéfices de la THS à la lumière des recherches récentes.

The Link Between Menopause and Mental Health. American Journal of Psychiatry, Avis, N. E. (2003), 160(8), 1391-1396. Cet article explore la relation entre la ménopause et la santé mentale, et les implications pour le traitement.

Appetite - Étude sur l'impact de l'alimentation en pleine conscience sur les comportements alimentaires et la satisfaction après les repas.

La longue histoire de la ménopause, article écrit par Marion Dupont, Publié le 22 décembre 2023 dans Le Monde.

Ménopause pour tout le monde : Pour LSD, émission documentaire sur les ondes de France Culture, Perrine Kervran s'interroge sur la ménopause en une série de 4 épisodes. Comment est-elle apparue dans l'espèce humaine ? Comment le mot et le concept sont-ils nés ? Pourquoi on ignore encore tant de chose à son sujet ? Et ce que ça dit de la place de la femme de cinquante ans dans la société ?

Voici quelques études et sources d'information pertinentes sur la ménopause :

Inserm : Le site de l'Institut National de la Santé et de la Recherche Médicale (Inserm) offre une perspective détaillée sur la ménopause, abordant son impact sur divers aspects de la santé, y compris le sommeil. Il examine les changements hormonaux pendant la ménopause et leurs effets sur le corps, tels que les troubles du sommeil, la fatigue, et les bouffées de chaleur.

Allo Docteurs : Ce site propose une section dédiée à la ménopause, où il est question du traitement hormonal de la ménopause (THM) et de son impact sur les symptômes comme l'insomnie et les sueurs nocturnes. Le site mentionne également l'augmentation des ronflements et du syndrome d'apnée du sommeil après la ménopause, avec des références à des études spécifiques sur ces sujets.

Étude Canadienne sur le Sommeil et la Ménopause : Une étude canadienne a analysé le sommeil de plus de 6 100 femmes pendant leurs transitions ménopausales. Les résultats ont montré que 40 à 60 % des participantes se sont plaintes de troubles du sommeil, surtout pendant la périménopause et la postménopause. Cette étude a également relevé que les femmes en postménopause mettaient plus de temps à s'endormir et étaient plus susceptibles de connaître des insomnies et des apnées du sommeil.

Lamenopause.fr : Le site Ménopause a pour objectif de développer les connaissances sur la ménopause et d'aider les femmes à mieux vivre cette transition. Vous y trouverez des articles sur divers sujets liés à la ménopause, tels que les phases de la ménopause, les symptômes, les conseils pour mieux traverser cette période, et bien plus encore.

National Geographic Sciences : a publié un article qui explore les transformations corporelles pendant la ménopause. Il aborde les symptômes, les recommandations pour vivre au mieux cette phase de transition, et les mécanismes biologiques derrière les bouffées de chaleur.

 "Hormones au féminin" : Ce livre de la Dre Sylvie Demers est une excellente ressource pour approfondir vos connaissances sur la ménopause.

Le Groupement d'Etude sur la Ménopause et le Vieillissement Hormonal (GEMVI) : a publié des recommandations pour la pratique clinique concernant le suivi et le traitement de la ménopause, dont un point concerne le rapport avec l'alimentation et la nutrition.

Les Manuels MSD : proposent des informations détaillées sur les causes, les symptômes, les diagnostics et les traitements liés à la ménopause.

La Fédération Française de Cardiologie : A élaboré un programme de prévention par une alimentation équilibrée : « Bien manger pour le Bien-être »

Glossaire

Activité physique : Exercice régulier pour maintenir la santé et le bien-être pendant la ménopause.

Alimentation équilibrée : Régime alimentaire adapté aux besoins changeants pendant la ménopause.

Antioxydants : Substances présentes dans certains aliments qui aident à protéger les cellules contre les dommages causés par les radicaux libres.

Aromathérapie : Utilisation d'huiles essentielles pour améliorer le bien-être physique et émotionnel.

Atrophie vaginale : Amincissement des parois du vagin, souvent dû à une diminution des œstrogènes.

Bouffées de chaleur : Sensations soudaines de chaleur, souvent accompagnées de rougeurs et de transpiration.

Calcium : Minéral essentiel pour la santé des os, particulièrement important pendant la ménopause.

Cycles menstruels : Les cycles réguliers de menstruation, qui deviennent souvent irréguliers avant la ménopause.

Densité osseuse : Mesure de la quantité de minéraux dans les os, qui peut diminuer après la ménopause.

Dépression ménopausique : Une forme de dépression qui peut survenir pendant la transition vers la ménopause et être liée aux changements hormonaux.

Endomètre : Tissu qui tapisse l'utérus, affecté par les changements hormonaux de la ménopause.

Équilibre émotionnel : Capacité à gérer les émotions de manière stable, important pendant la ménopause en raison des fluctuations hormonales.

Estrogène/Œstrogènes : Hormones sexuelles féminines jouant un rôle clé dans la ménopause.

Fibres : Composants alimentaires qui aident à la digestion et à la régulation du sucre dans le sang.

Fibromes : Tumeurs bénignes de l'utérus, pouvant être influencées par les changements hormonaux.

Faim : Sensation physiologique signalant la nécessité de manger.

Glucides complexes : Types de glucides, comme ceux présents dans les grains entiers, qui fournissent de l'énergie de manière stable et durable.

Gonflements : Accumulation de fluides dans le corps, symptôme commun pendant la ménopause.

Graisses saines : Types de graisses, comme celles présentes dans l'huile d'olive, les avocats et les noix, bénéfiques pour la santé cardiovasculaire.

Homéopathie : Médecine alternative utilisant de petites doses de substances naturelles.

Hormone Folliculo-Stimulante (FSH) : Hormone qui régule le développement, la croissance, la maturation pubertaire, et les processus reproductifs du corps. Les niveaux de FSH augmentent généralement pendant la ménopause.

Huiles essentielles : Extraits concentrés de plantes utilisés pour divers traitements, y compris pendant la ménopause.

Hydratation : Apport adéquat en eau pour maintenir les fonctions corporelles et favoriser une bonne santé.

Hystérectomie : Ablation chirurgicale de l'utérus, pouvant entraîner une ménopause chirurgicale.

Index glycémique : Mesure de la vitesse à laquelle un aliment augmente le taux de sucre dans le sang.

Insomnie : Difficulté à s'endormir ou à rester endormi, exacerbée par les symptômes de la ménopause.

Isoflavones : Composés trouvés dans certains aliments, tels que le soja, souvent utilisés pour soulager les symptômes de la ménopause.

Isoflavones de soja : Composés spécifiques du soja qui imitent les œstrogènes et peuvent aider à atténuer les symptômes de la ménopause.

Jambes lourdes : Sensation de lourdeur dans les jambes, souvent associée aux bouffées de chaleur.

Kystes ovariens : Petites poches remplies de liquide qui peuvent se développer sur les ovaires pendant la périménopause.

Libido : Terme utilisé pour décrire le désir sexuel ou l'intérêt pour l'activité sexuelle, qui peut fluctuer pendant la ménopause.

Macronutriments : Nutriments nécessaires en grandes quantités dans l'alimentation, incluant les glucides, les protéines et les graisses.

Magnésium : Minéral essentiel pour la fonction musculaire, la relaxation et la gestion du stress.

Mastose : Affection bénigne du tissu mammaire, souvent sensible aux changements hormonaux.

Méditation : Pratique mentale visant à développer la concentration, la clarté et l'équilibre émotionnel.

Ménopause : Fin de la période de fertilité d'une femme, marquée par l'arrêt des menstruations.

Micronutriments : Nutriments nécessaires en petites quantités, tels que les vitamines et les minéraux.

Naturopathie : Pratique visant à soigner par des méthodes naturelles et holistiques.

Nutrition : Aspect clé du bien-être pendant la ménopause, avec un accent sur les aliments riches en nutriments.

Œstrogènes : Groupe d'hormones sexuelles féminines importantes pour le développement et la régulation du système reproducteur féminin et des caractéristiques sexuelles secondaires.

Oméga-3 : Acides gras essentiels présents dans certains poissons et graines, bénéfiques pour la santé cardiaque et cérébrale.

Ostéoporose : Condition caractérisée par des os fragiles et une perte de densité osseuse, à risque accru après la ménopause en raison de la diminution des niveaux d'œstrogènes.

Périménopause : La période de transition vers la ménopause, marquée par des changements hormonaux et des symptômes comme les bouffées de chaleur et les irrégularités menstruelles.

Pleine conscience : Pratique de l'attention consciente au moment présent, souvent utilisée pour gérer le stress et l'anxiété.

Poids : Les fluctuations de poids sont courantes pendant la ménopause en raison des changements hormonaux.

Portions : Quantité de nourriture consommée lors d'un repas ou d'une collation.

Post-ménopause : Période suivant la ménopause, lorsque les symptômes commencent généralement à diminuer.

Préménopause : Période précédant la ménopause, caractérisée par des changements hormonaux.

Probiotiques : Microorganismes bénéfiques pour la santé intestinale et le système immunitaire, souvent présents dans les produits fermentés.

Progestérone : Hormone produite principalement dans les ovaires, jouant un rôle clé dans le cycle menstruel et la grossesse, et dont les niveaux diminuent pendant la ménopause.

Protéines : Nutriments essentiels pour la construction et la réparation des tissus corporels, et pour le maintien de la masse musculaire.

Qualité de vie : Mesure globale du bien-être pendant la ménopause, incluant la santé physique et mentale.

Régime alimentaire : Plan alimentaire adapté pour gérer les symptômes de la ménopause.

Santé cardiovasculaire : État de santé du cœur et des vaisseaux sanguins, influencé par l'alimentation et l'exercice.

Santé osseuse : Maintien de la densité et de la force des os, crucial pour prévenir l'ostéoporose.

Sautes d'humeur : Changements brusques et fréquents d'humeur.

Sécheresse vaginale : Diminution de la lubrification vaginale, souvent ressentie pendant la périménopause et la ménopause.

Sommeil : Repos nocturne, souvent perturbé par les symptômes de la ménopause comme les bouffées de chaleur.

Sueurs nocturnes : Bouffées de chaleur intenses qui se produisent la nuit, souvent perturbant le sommeil.

Syndrome génito-urinaire de la ménopause (SGUM) : Ensemble de symptômes affectant la zone génitale et urinaire pendant la ménopause.

Techniques de respiration : Méthodes de contrôle de la respiration utilisées pour gérer le stress et améliorer la relaxation.

Thérapie Hormonale de Substitution (THS) : Traitement visant à soulager les symptômes de la ménopause en fournissant des hormones, principalement des œstrogènes et parfois de la progestérone.

Troubles du sommeil : Difficultés à dormir, fréquentes pendant la ménopause, souvent causées par les changements hormonaux.

Vitamine D : Vitamine essentielle pour la santé des os et du système immunitaire, souvent synthétisée par la peau lors de l'exposition au soleil.

Vitamines B (incluant B6, B9, B12) : Groupe de vitamines essentielles pour le métabolisme énergétique, la santé du système nerveux et la production de globules rouges.

Yoga : Pratique physique et mentale

L'auteur et ses ouvrages

Sophie-Fleur Blanchard